Alexis Tournier

L'oracle de Belline vous parle !

W0211741

Éditions Lanore
François-Xavier Sorlot, éditeur
6 rue de Vaugirard, 75006 Paris

ISBN : 978 - 2 - 85157 - 297 - 4
© Éditions LANORE 2007

www.editionslanore.com
contact@editionslanore.com

conception graphique Gilles Arira

Présentation

L'Oracle de Belline est venu à moi curieusement. Ce n'est qu'à la suite d'une étonnante expérience personnelle que j'acquis ce jeu de cartes car, au départ, il ne m'attirait pas du tout. J'avais eu l'occasion de le regarder, de le prendre en main dans les rayons des librairies spécialisées où je me rendais régulièrement, mais, à chaque fois, après l'examen de quelques cartes, je le remettais à sa place, n'étant incontestablement pas touché par ses images. Simplistes, naïves, celles-ci ne m'évoquaient qu'une succession de dessins approximatifs rebutants. En observant certaines images, j'éprouvais un malaise angoissant, les trouvant violentes et difficiles à regarder au point que je me demandais comment il pouvait exister des inconditionnels de l'Oracle de Belline.

D'ailleurs, à cette époque, rien selon moi ne pouvait rivaliser avec le Tarot de Marseille. J'avais acquis cette certitude avec mon premier jeu de Tarot divinatoire, acheté à l'âge de seize ans. D'emblée, j'avais étudié les lames majeures et cherché leurs significations profondes. Je m'initiais seul, accumulant des lectures, me laissant inspirer par de longues contemplations, prenant des notes sur chaque lame et rêvant à chacune d'elles lorsque je les prenais successivement chaque soir en les glissant une après l'autre sous mon oreiller. Trois ans après mon démarrage, en tant que voyant professionnel, le Tarot s'imposait comme mon unique outil de travail indispensable, aussi sûrement que l'est le four pour un boulanger.

Un dimanche, alors que j'achevais l'animation d'un stage de week-end sur les lames majeures du Tarot, un de mes élèves, très intéressé pendant toute la journée, vint me demander à l'occasion de la dernière pause si je connaissais l'Oracle de Belline. Sans que je contrôle bien ma réponse, je m'entendis lui dire sèchement « non, je n'aime pas ce jeu ». Ainsi fut close la conversation, sans une explication sur la répugnance que ces cartes-là semblaient m'inspirer.

Le soir venu, une fois couché, je vécus cette expérience particulière, une de ces expériences qu'il m'arrivait de vivre régulièrement, le soir, depuis le milieu de mon adolescence. Au moment de l'endormissement, je me sentis partir dans un état de conscience qui n'était ni la veille, ni le sommeil. C'était un état dans lequel je pouvais réfléchir tout à fait rationnellement, bien que mon corps physique ne me répondît plus vraiment. Les yeux clos, toutes sortes d'images défilaient dans mon esprit, tandis que je me trouvais dans une hyper-conscience qui se mélangeait avec la sensation extrême d'être ailleurs que dans mon lit. Lorsque j'arrêtais d'analyser le phénomène, il prenait tout son essor et m'emmenait sur d'autres plans. Il m'arrivait de me retrouver en dehors de mon corps, ou d'avoir l'intime conviction au réveil, le lendemain matin, d'avoir visité d'autres lieux, rencontré des personnages, suivi des enseignements…

Ce soir-là, dans cet état de conscience modifié, des sensations exceptionnelles survinrent alors : sensation de tourner sur moi-même, d'être debout sur mes jambes alors que j'étais allongé, le tout baigné par une pulsation vibratoire extrêmement rapide qui descendait de ma tête jusqu'aux pieds. Cette vibration cristalline, que je ressentais dans mon corps à chaque fois qu'une telle expérience se produisait, me rappelait la vibration d'une flûte à champagne chantant grâce au glissement prolongé, sur le bord circulaire, d'un doigt mouillé. Plus cette vibration se répandait en moi, moins je sentais mon corps. Je faisais mon possible pour limiter les bavardages de mon mental et, tout à coup, je sentis loin au-dessus de moi, une sorte de vent qui descendait doucement en spirale. Il me sembla pouvoir le distinguer : c'était un fluide bleu ciel, hélicoïdal qui s'amenait doucement comme l'air brassé d'un hélicoptère au ralenti. Cela se rapprocha et sembla très imposant, les vibrations devinrent énormes, je crains que ma tête n'explosât. Dans mes oreilles, c'était un bourdonnement alors que je vibrais du bout de mes ongles à la pointe des cheveux. Puis soudain, en un flash de lumière, stoppant net toutes les vibrations, l'énergie pénétra d'un seul coup dans mon ventre, par le dessus du nombril, se répandant dans toutes les zones de mon corps comme un souffle puissant, pour se terminer dans ma tête, dans un silence de cathédrale, chuchoter un prénom : Edmond.

Dans les demi-secondes qui suivirent, je retrouvai toutes les sensations de mon schéma corporel et, comme si j'émergeais d'un rêve dont le souvenir était plus vrai que nature, je m'assis dans mon lit, me remémorai les événements et cherchai la signification de ce prénom Edmond qui résonnait encore dans mes oreilles et qui ne m'évoquait rien. Le crâne assommé d'une douloureuse migraine, je mis un temps fou à trouver le sommeil…

Le lendemain, la journée se passa normalement. En fin d'après-midi, quelques courses s'imposèrent qui, de boutique en boutique, m'amenèrent à la Fnac, devant le rayon ésotérisme où je me retrouvais régulièrement pour vérifier les nouveautés. Quelques livres sur la mort, un sur les extra-terrestres, rien ne vint retenir mon attention jusqu'à ce que je mis les yeux sur une étagère toute neuve, emplie de jeux divinatoires et d'oracles. Tiens, ils se sont mis à en vendre, pensai-je alors. Je fouinais un peu et regardais ce qu'ils offraient ; rien de très original : le Tarot de Marseille en de multiples exemplaires, revus et corrigés, l'oracle de la Triade et, bien sûr, l'Oracle de Belline. Je repensai alors à mon élève de la veille qui m'avait demandé si je le connaissais ? Pourquoi lui avais-je dit non sur un ton qui laissait presque supposer que sa question n'avait aucun sens, qui faisait entendre que moi,

Alexis Tournier, je ne pouvais pas m'intéresser à autre chose qu'au noble et valeureux Tarot ? Je remarquai que l'emballage protecteur en plastique était ouvert, le jeu avait été déballé. Je glissai mes doigts dans la petite ouverture pour récupérer la boîte noire et dorée de l'Oracle de Belline. C'était une belle boîte tout de même, me dis-je en prenant le temps de l'observer. Je l'ouvris et constatais qu'il manquait la moitié des cartes ; quelqu'un s'était-il servi pour remplacer celles qu'il aurait perdues chez lui ? Je fis glisser dans ma main celles qui n'avaient pas été dérobées et les regardai une à une. Finalement, celles que j'avais là étaient agréables à regarder : le Bonheur, la Grâce, Nouvelle, les cartes étaient mélangées, et je pris un certain plaisir à chercher le lien entre le dessin, le mot-clé et le symbole astrologique. Je m'amusai de remarquer qu'une carte du ciel représentant un thème astrologique était dessinée sur la carte numéro quatre qui portait un nom d'un rapport évident : la Nativité. Mais mon sang ne fit qu'un tour alors qu'une angoisse me saisit les tripes lorsque je m'aperçus que le dessin était signé d'un prénom : Edmond !

En une fraction de seconde, tout s'assembla comme un puzzle : mon élève de la veille, l'expérience de la nuit insufflant le prénom Edmond et moi qui retrouvai, là, dans les rayons de la Fnac, sur les cartes de cet Oracle de Belline, le même prénom Edmond, des cartes qui normalement ne m'intéressaient pas et qui semblaient s'imposer à moi aujourd'hui. Je ne réfléchis pas davantage et attrapai la boîte à côté, encore vierge, récupérai mes cabas posés par terre et filai à la caisse acheter le jeu.

Je fis ce jour-là l'expérience de l'adage qui prétend qu'il n'y a que les imbéciles qui ne changent pas d'avis. De retour chez moi, je passai la soirée et une partie de la nuit à examiner toutes les cartes de l'Oracle, à regarder tous les dessins, les symboles, à faire le lien avec les planètes astrologiques. De façon surprenante, le jeu ne me repoussait plus. Je me demandai même comment et pourquoi je n'avais jamais trouvé ces cartes intéressantes alors qu'il me plaisait, là, de les contempler plusieurs minutes chacune. Les dessins que j'avais trouvés vilains étaient devenus des esquisses dont la simplicité était justement la possibilité pour n'importe qui, de comprendre la carte. Avais-je été ensorcelé par l'esprit de Belline dans ma nuit du dimanche au lundi ? De là où il était, avait-il, tout à coup, orienté ma vie pour que je m'intéresse vraiment à lui et à son jeu ? En vérité, je n'en sus rien et je ne le sais toujours pas. Je n'ai jamais cherché à comprendre davantage ce qui était arrivé dans cette nuit, sinon constater qu'il y avait là une synchronicité propre à intéresser n'importe quel psychanalyste Jungien ; quelqu'un ou quelque chose m'avait soufflé le prénom Edmond pour que, le lendemain, retrouvant le même prénom dans l'Oracle de Belline, je fasse le rapprochement et décide de l'acquérir ? Je m'en tins au fait, clair et étonnant que, du jour au lendemain, j'avais un point de vue opposé sur ce jeu que je finissais par aimer et qui, surtout, avait atterri chez moi. Ses nombreuses cartes donnaient un large éventail et un aperçu varié de tous les sentiments et émotions qui nous assaillent dans une vie, de tous les événements grands ou petits, heureux ou difficiles, qui font notre existence chaque jour, tissant au fil de nos expériences la destinée qui est la nôtre…

J'observai que, seules, les quatre premières cartes portaient la signature d'Edmond. C'est ce qui expliquait pourquoi, malgré les quelques fois où j'avais pris le temps de regarder un peu ce jeu, je n'avais jamais remarqué la griffe de celui qui en était vraiment le créateur. Car Belline n'avait donné à ce jeu que son nom : c'est dans la petite notice rouge écrite par Marcel Belline lui-même que j'appris que ce jeu avait été ouvragé par Edmond.

Des recherches personnelles complémentaires me permirent de mieux comprendre cet oracle et son histoire qui commença donc avec celle d'un voyant du XIXe siècle. Jules Charles Ernest Billaudot qui se faisait appeler le mage Edmond, vécut de 1829 à 1881. Voyante réputée de son époque, la célèbre Mademoiselle Lenormand y vit son digne successeur. Il s'illustra au travers de prédictions fameuses telles que celle qui annonça l'exil de Victor Hugo, avant qu'il ne soit expulsé de France pour Jersey, ou le succès littéraire d'Alexandre Dumas. Dans ses carnets de note de 1854, on retrouva, après sa mort, des récits de vision qui correspondaient à la première guerre mondiale, dans lesquels il racontait un conflit meurtrier, des explosions d'obus, des hommes dans des tranchées, des aéroplanes alors que ces engins n'avaient pas encore été inventés à son époque. Il eut une carrière de médium renommé et reçut les grands hommes de son temps. En 1865, il fit une synthèse du premier jeu d'Eteilla, des vingt-deux lames majeures du Tarot de Marseille, et du symbolisme des sept planètes utilisées en astrologie, pour créer son propre jeu. Composé de cinquante-trois cartes, il s'agissait d'un jeu divinatoire personnel qu'il utilisait pour ses consultations dans son cabinet, rue Fontaine à Paris. À l'âge de 52 ans, Edmond Billaudot mourut et fut enterré dans le petit village de Poilly-sur-Serein dans l'Yonne.

Toutes les époques ont eu leurs voyants célèbres et, de 1955 jusqu'à la fin des années 1970, c'est chez Marcel Belline que le tout-paris se rendait. Celui-ci se fit connaître par un joli coup de poker, alors que ses affaires périclitaient. Tentant sa chance à la rédaction de *France-Soir*, il prédit la crise cardiaque et la mort du président américain Eisenhower dans les trois mois, devant quelques journalistes moqueurs et incrédules, qui reprirent l'information dans la rubrique « potins » du quotidien. Comme, trois mois plus tard, les faits lui donnèrent raison, on imagine l'envolée de sa carrière alors débutante… Marcel Belline fut consulté par des dirigeants, des artistes, des hommes d'affaires et continua à prédire des événements historiques, tels que le retour au pouvoir de De

Gaulle, la mort de Marilyn Monroe, celle de Kennedy, les évènements de mai 68 décrits précisément trois ans avant dans les colonnes du *Parisien Libéré* comme une fronde populaire et étudiante. Accablé par la tragique disparition de son unique fils Michel à la fin des années soixante, Belline tenta l'expérience du dialogue avec les morts et entra en communication avec lui. Il reçut ainsi de nombreux messages, durant une année, dans lesquels Michel parlait de l'immortalité de l'âme. Belline, qui avait déjà publié quelques livres sur les coulisses de la voyance, dont, en 1959, *Comment je suis devenu voyant*, compila les nombreux enseignements spirituels de son fils, dans un ouvrage best-seller : *la troisième oreille*.

Aujourd'hui, bien des années après sa disparition, Belline est encore connu pour le célèbre jeu de cartes qui porte son nom.

Marcel Belline raconta lui-même comment ce jeu vint à lui : « Lorsque ma consultante, que son âge incitait à se retirer à la campagne, m'invita à aller prendre chez elle des documents propres à m'intéresser, j'acquiesçai distraitement et j'oubliai bientôt ma promesse. Il fallut qu'elle réitérât son offre, “*venez vite ou je brûle tout !*” J'y allai enfin, c'était la veille de Noël.

Mon enthousiasme fut sans borne quand je découvris, parmi des livres rares et des manuscrits, une caisse pleine de jeux de cartes les plus divers : l'un d'eux sut attirer mon attention, il me brûla littéralement les mains lorsque je le pris. Les documents que je compulsai en hâte m'apprirent que ce jeu de cartes avait été dessiné et utilisé par un voyant du nom d'Edmond, qui exerçait vers 1845. (…)

Ma surprise fut à son comble quand je sus que ce même Edmond avait habité Paris, au n° 30 rue Fontaine, à deux pas de chez moi puisque mon cabinet est au 45. Il y avait aussi trop de coïncidences ou, plus exactement, j'avais reçu un appel et ces cartes échappées au feu par miracle devaient sortir de l'oubli.

En acceptant que ces cartes fussent reproduites, n'était-ce pas un peu reprendre et poursuivre l'œuvre d'Edmond ? Ce jeu, j'en étais sûr, avait consolé bien des peines. »

Ce jeu, très aisé à comprendre grâce à la nature très simple de ses images et l'accessibilité de ses mots-clés, rencontra un succès immédiat qui, d'année en année, n'eut de cesse de se confirmer, permettant à son éditeur de régulièrement le rééditer et à moi-même, au début des années 2000, d'en découvrir la richesse.

Après plusieurs années de pratique quotidienne, de milliers de tirages, bouleversant définitivement mon jugement hâtif de jeune voyant passionné de Tarot, après plusieurs séminaires animés sur le sujet, l'Oracle de Belline m'a soufflé l'idée d'un livre. Après la sortie du *Tarot vous parle !* fin 2004, s'est imposé non pas une suite, mais un ouvrage du même acabit sur ce jeu. Encouragé par les témoignages reçus de la part de nombreux praticiens du Tarot, amateurs ou professionnels, débutants ou confirmés, qui avaient apprécié l'approche didactique, simple et ouverte, de mon premier livre, pourquoi ne pas écrire un second sur cet Oracle, que j'avais appris à aimer et découvert à la suite d'une étonnante expérience ?

COMMENT UTILISER CE LIVRE

Objectif du livre

Ce livre vous présente successivement, dans l'ordre croissant des numéros qu'elles portent, toutes les cartes de l'Oracle de Belline.

À la suite d'une présentation générale de chaque carte, je présente les significations possibles qui les caractérisent en fonction de la place qu'elles occupent dans le célèbre tirage en croix.

En suivant les explications sur la manière de réaliser ce tirage, vous pourrez, avec ce livre, comprendre et apprendre l'interprétation de vos propres questions.

J'ai fait le choix de détailler chaque carte de cette manière plutôt qu'en fonction de ce qu'elles signifient sur le plan professionnel, amoureux, santé, argent, tout simplement parce que ce type de livres existe déjà et ceux-là le font très bien. Je me suis donc attaché à donner l'ambiance de la carte, la manière dont elle se connote, les sensations et les émotions qu'elle suscite davantage que de l'associer à une ribambelle de mots-clés qui auraient fini par vous noyer. Ceci dans le but de vous faire travailler avec votre sensibilité, de toucher en vous l'intuition qui est l'outil principal du devin. En parcourant ce livre au gré des cartes que vous tirerez, ces courts paragraphes vous donneront le ton et se joindront à votre réceptivité pour vous faire réaliser de justes interprétations.

Vous veillerez à garder un certain recul concernant ces textes, car ils ne sont évidemment pas exhaustifs et n'ont pas la prétention de dresser l'éventail de toutes les interprétations possibles. Cet ouvrage qui s'adresse aussi bien aux débutants qu'aux confirmés n'écrasera pas votre esprit critique et s'utilisera en alliance avec vos propres inspirations.

Composition de L'Oracle de Belline

Ce jeu est composé d'une totalité de 53 cartes, mais certains praticiens n'utilisent pas l'unique carte non numérotée composée d'un aplat bleu ciel. Dans ce livre, j'ai fait le choix d'en parler puisque cette carte existe mais, selon Marcel Belline lui-même, l'utiliser est facultatif. Il vous appartient donc de voir, à la lumière de ce qui est dit au sujet de cette carte, si, selon vous, il convient de l'utiliser ou non. Pour cela, vous la regarderez et la laisserez vous suggérer une réponse.

Par contre, il me semble important de vous conformer à une règle stricte : si vous décidez de l'utiliser, prenez là dans votre paquet tout le temps. Au contraire, si vous décidez de la laisser de côté, alors ne la mélangez jamais avec les autres cartes.

Les 52 cartes de l'Oracle se décomposent en une série de trois cartes, numérotées de 1 à 3 et en sept séries de sept cartes allant de 4 à 52.

Les trois premières cartes, la Destinée, l'Étoile de l'Homme et l'Étoile de la Femme, sont souvent considérées comme des cartes fortes un peu à part des autres. Pour en dire quelques mots rapidement, la première représente toute la problématique du destin que l'homme peut se fabriquer ou choisir de subir et les deux autres font souvent référence à la partie féminine ou masculine du consultant.

Les 49 cartes suivantes se répartissent donc en 7 séries de 7 cartes. On notera que le 7 est un chiffre symbolique qui a son importance. Considéré dans beaucoup de cultures et traditions spirituelles comme un chiffre d'équilibre, de force, de perfection, de réussite… N'est-ce pas en sept jours que Dieu créa le monde.

Edmond qui, lui, ne créa pas le monde mais son propre oracle, ce qui n'est déjà pas si mal, attribua à chaque série de sept cartes la force et le symbole des sept planètes et luminaires que l'on utilisait couramment à son époque en astrologie. En procédant ainsi, il donnait un relief particulier à chaque groupe dont les cartes prenaient alors, au-delà de leur fonction individuelle, un symbolisme plus général marqué par ces significations astrologiques.

Ainsi, trouvons-nous les cartes solaires, les lunaires, les mercuriennes, les vénusiennes, les martiennes, les jupitériennes et les saturniennes. C'est au début de chaque chapitre consacré à chaque série que je détaille la fonction de chaque planète ou luminaire.

Chaque carte est ensuite composée d'une image simple et d'un mot-clé. Pour chacune d'entre elles, nous verrons une description générale du dessin et des symboles qu'elle contient, en étudiant comment il illustre le nom de la carte.

Le tirage en croix

Le tirage en croix est une méthode d'interprétation qui permet de répondre de manière simple à une question précise. Ce procédé a été hérité au XIXe siècle par l'occultiste *Stanislas de Gaïta* et popularisé par *Oswald Wirth* dans son livre *le Tarot des imagiers du Moyen-Âge.* Très pertinente dans les informations qu'elle permet de recevoir, cette méthode très répandue dans la grande famille des tarologues a été reprise par de nombreux praticiens dont Marcel Belline qui le proposa pour son Oracle.

Comme son nom l'indique, il se présente sous la forme d'une croix. Après avoir battu ou mélangé les 52 ou 53 cartes de votre jeu (selon votre choix d'utiliser ou non la carte bleue), vous étalerez devant vous, faces retournées, les cartes de l'Oracle.

Ensuite, sans vous précipiter et en ne pensant qu'à votre question, vous sélectionnerez 5 cartes en les disposant chacune à leur tour, devant vous, selon le schéma ci-contre.

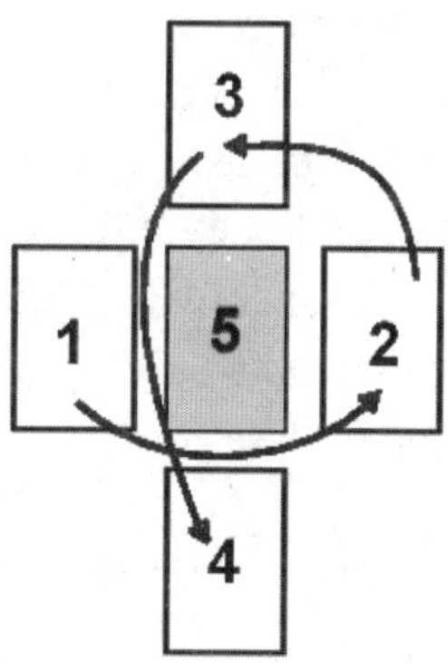

Après avoir refermé votre jeu, en prenant toujours votre temps, vous pourrez retourner les cartes choisies. Faites-le à votre rythme en vous imprégnant du langage symbolique de l'image, du nom qu'elle porte et de son empreinte astrologique.

Position 1 ▸ ce qui est affirmatif, ce qui va dans le sens du consultant.

Cette première carte représente le consultant face à sa question. Il s'agit de son état d'esprit à l'heure du tirage, de sa situation actuelle, de ce qu'il pense de sa problématique et comment il compte la résoudre. À travers cette carte, on pourra aussi se faire une idée du passé immédiat ; de ce qui a mené le consultant à son interrogation. Généralement, cette première carte est considérée comme ce qui est affirmatif ou ce qui va dans le sens du consultant.

Position 2 ▸ ce qui est négatif, ce qui pose problème, ce qui peut être un obstacle ou un ennui.

Avec la deuxième carte, apparaît une dualité. À la fois complémentaire et opposée à la première, cette carte va mettre le doigt sur la problématique elle-même en révélant ce qui ne va pas, ce qui pose problème. Cela peut être une action à entreprendre que le consultant n'entreprend pas ; un état d'esprit à avoir et qu'il n'a pas. Cela peut représenter le manque ou l'excès d'une conduite particulière. Mais cela peut être plus simplement un blocage extérieur, des difficultés à craindre, des obstacles éventuels. Quoi qu'il en soit, la carte sortie à cette position révèle toujours un problème, et ce, même si la carte prise dans sa globalité possède un sens très positif.

Position 3 ▸ la discussion, le conseil, aperçu du futur proche.

Les deux premières cartes ont montré une dualité *Pour* et *Contre* dans la problématique posée. Avec la troisième, intervient une discussion qui va permettre de sortir de cette opposition. Quelles solutions sont possibles, qu'est-il bon de faire, d'entreprendre, de dire ? La troisième carte figure le conseil que le consultant devrait suivre pour avancer dans la difficulté qu'il rencontre. Quel parti prendre, quelle résolution adopter ? Cela peut représenter aussi ce qui risque de se passer si le consultant ne fait rien, compte tenu des deux premières lames. Ainsi parfois, sans affirmer une sentence définitive, la troisième carte donne déjà quelques éléments de réponse.

Position 4 ▸ la réponse, le présage de ce qui se passera.

Comme son nom l'indique, cette carte représente la réponse. C'est le présage de ce qui se passera. Il est intéressant de voir si les troisième et quatrième cartes sont dans les mêmes mouvances pour saisir si une logique se dessine entre les deux ; si le conseil de la troisième carte est suivi, alors la réponse doit apparaître avec une certaine cohérence, en allant dans le même sens. Si les deux cartes ne collent vraiment pas l'une à l'autre, c'est qu'une dualité subsiste. Le conseil est trop difficile à suivre ? Le consultant préfère ne rien faire et attendre ? La problématique rencontrée est vraiment insoluble ? On ne peut rien faire ? La réponse intervient alors comme une sentence, un résultat qu'on ne peut pas changer, sur lequel le consultant n'a pas prise.

Position 5 ▸ la synthèse.

Cette carte résume le tirage et fait figure de synthèse. Elle est la conclusion finale du jeu, son épilogue comme l'ultime dénouement d'un bon roman. La synthèse répond à cette question : « et plus tard que se passera-t-il, bien après la réponse ? ». Cette carte est aussi la nuance du tirage, ce qu'on en retient. Comme après un film de cinéma ou un spectacle quelconque, plusieurs heures plus tard, qu'est-ce que vous en gardez ? Une bonne ou une mauvaise impression ? Après coup, était-ce finalement un bon ou un mauvais film ? La synthèse du tirage est ce que vous en retiendrez. C'est un peu la philosophie du jeu, l'ambiance générale. Bien sûr, il est bon de voir si cette carte est en accord avec toutes les autres. Si une contradiction apparaît nettement, elle viendra nuancer d'autant l'interprétation totale du jeu.

Avant de procéder au tirage : le choix du moment

Bien entendu, il doit être adapté aux circonstances. Interroger un oracle n'est pas un acte anodin. Outre la concentration qu'il nécessite, c'est un geste noble qu'il vous faut exécuter avec respect et sens du sacré. C'est le meilleur moyen pour s'impliquer, ne pas prendre le tirage à la légère et obtenir des réponses cohérentes.

Au moment où vous posez la question, il faut vous sentir bien dans votre peau, avoir la tête tranquille et l'esprit clair pour percevoir au mieux l'âme de l'Oracle.

Interpréter un tirage, c'est ressentir et se laisser inspirer par la présence devant vous des symboles astrologiques, des dessins et des noms des cartes tirées. Cela nécessite un vrai lâcher-prise et une réceptivité qu'il vous faudra optimiser si vous estimez qu'elle n'est pas suffisante. Cela revient à faire le vide, à créer une ouverture d'esprit et chasser les pensées parasites qui obstruent votre intuition. Une méditation, un instant de recueillement, pendant une quinzaine de minutes permettra de marquer une coupure avec le quotidien.

Privilégiez toujours un moment de détente et de tranquillité dans lequel on ne risque pas de vous déranger, cela va de soi. Enfin évitez de donner suite aux exigences des personnes amies ou non qui désirent poser des questions n'importe quand et n'importe comment.

Le choix du lieu

L'idéal est d'avoir un endroit bien à vous dans lequel vous prendrez l'habitude de travailler avec votre Oracle. Ce peut être dans une chambre, dans un bureau, et dans le fond, peu importe pourvu qu'il s'agisse d'un lieu intime, sécurisant et chaleureux. L'endroit doit être calme et inspirant. Comme cela est souvent indiqué, vous pouvez créer une atmosphère propice au recueillement et au sacré en allumant une bougie et quelques bâtonnets d'encens.

Le choix de la question

C'est sans doute le point le plus délicat et la plus grande cause d'erreurs d'interprétation. C'est souvent à la suite de questions mal tournées que des tirages ambigus et difficiles à comprendre surviennent.

Pour commencer, votre question doit être claire, simple et concise. L'idéal est de l'écrire pour clarifier et structurer votre pensée. Essayez toujours de positionner le consultant au centre de la question c'est-à-dire à la place du sujet. Soyez clair sur l'intention de la demande et ne demandez pas « Comment va se passer mon nouveau travail ? » mais plutôt « Parviendrai-je à m'épanouir dans mon nouveau travail ? ». De même avec « Quelle est mon évolution sentimentale ? » à remplacer par « Vais-je rencontrer une personne qui me correspond ? ». L'intention de votre demande doit être visible dans votre question et ne pas demeurer quelque chose de vague, de supposé ou d'inconscient. De cette façon, vous obtiendrez toujours des tirages faciles à interpréter.

Évitez les questions doubles du genre *« Vais-je partir vivre à l'étranger et cela sera-t-il positif pour moi ? »*. Exposez toujours une seule situation à la fois et, dans le cas de problème important, procédez par étapes en posant plusieurs sous-questions successives allant du général au détail. Dans le cas de notre exemple, cela revient à poser deux questions : d'abord *« Est-il positif pour moi de vivre à l'étranger ? »* suivie de *« Pourrais-je partir vivre à l'étranger ? »* Apparaissent alors non plus un, mais deux échos qui, interprétés conjointement, permettront d'obtenir une vraie réponse globale au projet de vie à l'étranger.

Essayez également de toujours tourner vos questions de manière « optimiste », allant dans le sens de ce que vous aimeriez. Si vous craignez un licenciement par exemple, ne posez pas la question *« Serais-je licencié ? »* chargée de vos angoisses et de vos craintes mais plutôt *« Pourrais-je demeurer dans l'entreprise où je me trouve ? »* plus carré et plus positif. Si vous êtes le dirigeant d'une entreprise pleine de dettes et menacée de défaillance et que vous souhaitez ardemment redresser la situation, ne demandez pas *« Vais-je déposer le bilan ? »,* mais plutôt *« Parviendrai-je à sauver mon affaire ? »*

Interrogez toujours sur des thèmes qui correspondent à des problématiques sérieuses. Évitez les questions futiles qui ne correspondent à rien de fondamental dans votre vie telle que *« Vais-je repeindre ma chambre ? »* ou *« Dois-je acheter une voiture en mars ou en avril ? »* Évitez aussi la curiosité mal placée avec des questions ou des problèmes qui ne vous regardent pas. Dans le lot, oubliez aussi les questions vides du genre *« Que va-t-il m'arriver ? »*

Si vous souhaitez localiser dans le temps la réalisation d'un projet, d'un événement ou le déblocage d'une situation, vous devez inclure une notion de temps dans la formulation de la question. Par exemple : *« Trouverai-je un emploi avant la fin du mois de juin »* ou *« Est-ce que je déménagerai dans les deux années qui viennent ? »*

Vos tirages – et en règle générale tous les arts divinatoires – ne donneront jamais de dates précises. Vous pouvez obtenir une évaluation du temps qui s'écoulera en fonction du dynamisme général apparu dans les cartes. Si celles-ci sont toutes vives ou dynamiques, vous pourrez conclure que la situation avancera rapidement.

Enfin et surtout, évitez de reposer plusieurs fois la même question. Lorsque vous avez obtenu une réponse, tenez-vous en à elle, même si elle ne vous convient pas et remettez à plus tard un nouveau tirage. Cette manière d'agir, saine, vous évitera le piège des consultations continuelles et obsessionnelles. Nombreux sont ceux qui interrogent frénétiquement leurs cartes tant qu'elles n'indiquent pas les réponses voulues. Cela n'a plus rien d'une divination et relève d'une pathologie sur laquelle il est bon de s'interroger.

L'art de l'interprétation

Lorsque votre tirage est présent devant vous, lorsque les 5 cartes sont sorties et proposent une réponse, prenez le temps de les regarder. Laissez vos yeux se porter sur chacune d'elles en essayant de saisir leur message. Elles ont toutes quelque chose à vous dire, plus ou moins important, plus ou moins clairement. Identifiez ces conseils et avertissements en vous laissant inspirer par ce que vous connaissez d'elles. Ne cherchez pas tout de suite à analyser en vous référant à ce que d'autres ont pu dire ou écrire : faites-vous confiance avant d'utiliser frénétiquement ce livre. Appuyez-vous sur votre ressenti et trouvez quelle impression générale se dégage du tirage. Quel sentiment se révèle ? Que vous donne-t-il envie de conclure ?

Une astuce avec l'Oracle de Belline consiste à regarder en premier lieu le mélange des énergies astrologiques. Quelle série planétaire est la plus représentée dans le tirage et qu'est-ce que cela signifie ? Y a-t-il un équilibre des symboles planétaires, une dualité entre deux énergies opposées ou effectivement la prédominance d'une sur toutes ? Le Soleil l'emporte-t-il sur la Lune, Mars sur Vénus, Jupiter sur Saturne ?

Laissez-vous guider par vos sensations et vos intuitions, les mêmes que celles que l'on peut éprouver devant un magnifique paysage par exemple. Observez les dessins de l'ensemble du jeu, peut-être se coordonnent-ils à la manière d'une bande dessinée comme un schéma narratif qui comporte un début, un problème, un conseil, une résolution suivie d'un épilogue. Les cartes s'enchaînent-elles logiquement avec aisance ou, au contraire, s'agit-il d'un tirage cacophonique, dont l'histoire est difficile à saisir, reflétant ainsi une problématique elle-même compliquée ? Voyez comment votre récit démarre et comme il se termine. La fin est-elle plus réjouissante que le début ou inversement ? Les obstacles qui apparaissent pourront-ils être aisément dépassés ? Qu'est-ce que le consultant devra faire pour résoudre sa problématique ? Saisissez aussi le dynamisme général du tirage : les cartes sorties sont-elles énergiques, vives, constructives ou, au contraire, bloquées, molles, en gestation ? Trouvez aussi l'atmosphère du tirage : est-on dans le concret, dans la stabilité matérielle ou voyageons-nous dans le sensible, l'affectif et le rêve ?

En somme, il faut vous poser plusieurs petites questions qui, au fur et à mesure des réponses, vont vous permettre de trouver le sens général de votre tirage. Soyez inspiré, faites preuve d'originalité : n'hésitez pas à noter tout ce qui vous passe par la tête à la lecture de ce jeu. Interpréter un tirage en croix – quel que soit l'outil que l'on utilise – relève de la même inspiration que celle de l'artiste qui crée, en établissant les réponses, en vous appuyant sur votre sensibilité et le symbolisme des cartes.

LES TROIS PREMIÈRES CARTES

CARTES 1, 2 ET 3

N° 1 ▸ LA DESTINÉE

Description et sens général

Cette toute première carte possède traditionnellement une importance de premier ordre. La Destinée étant cette sorte de puissance souveraine qui semble régler d'avance tous les événements composant la vie d'un être, il y a dans cette carte une notion d'implacable et de force irrévocable contre laquelle on ne peut lutter. Le destin est, dans le langage populaire, cette loi inflexible que l'on invoque lorsque tout semble avoir été écrit d'avance. Mais la notion de destin s'oppose à celle de libre-arbitre qui permet de penser que tout être à la possibilité de choisir et de décider du sens de sa vie. Le débat consistant à savoir si la vie humaine est régie par l'un ou l'autre de ces deux aspects a opposé de nombreux philosophes de l'antiquité, qui ont proposé différentes visions de la vie humaine. Aujourd'hui, chacun est libre de penser que nous devons vivre une ligne prédéfinie qu'il suffirait de suivre tranquillement avec le risque finalement de rester spectateur de sa vie, considérant que, si un événement doit se produire parce qu'il est écrit, il se produira quoi qu'il en soit. Mais cette forme de pensée n'est-elle pas dangereuse en menant tout droit à la passivité ? Croire au libre-arbitre n'est-il pas plus sain ? Chacun est maître de sa vie et responsable de ce qui lui arrive quoi qu'il se passe. Chaque geste, chaque acte, chaque parole et même chaque pensée induisent un effet ou une conséquence qui modélisent notre futur. La vie sur Terre et, en particulier, la vie humaine semble soumise à une loi de cause à effet, celle-là même que les bouddhistes nomment karma.

Sur sa carte, Edmond a représenté une clé qui est le symbole même du libre-arbitre, en opposition totale avec la Destinée. La clé est l'outil qui permet d'ouvrir une porte ou un coffre, un lieu ou un objet dont l'accès est normalement restreint ou impossible. Cela autorise l'entrée dans des espaces de libertés supplémentaires, au sens propre comme au figuré. Posséder la clé, c'est donc avoir le choix d'ouvrir ou non, le choix d'accroître son espace de vie, sa liberté. Utiliser la clé est alors une prise de décision faite de conséquences qu'il conviendra d'assumer.

Mots-clés, synonymes, significations

La Destinée ➔ notion de décision à prendre, d'engagement, de nouveauté, d'opportunité.

Dans un tirage en croix

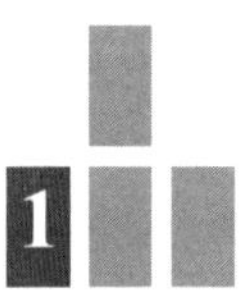

À cette première place du tirage, la carte Destinée illustre l'adage selon lequel, vous avez toutes les clés entre les mains et la liberté d'aller où bon vous semblera. Cette première carte, très forte et généralement favorable, indique que vous possédez de nombreuses possibilités et avez un grand nombre de ressources. En mesure de les utiliser toutes, on ne voit pas pourquoi vous ne parviendriez pas à atteindre vos objectifs. Soyez confiant et montrez-vous entreprenant car, quelle que soit votre question, vos chances de succès sont réelles.

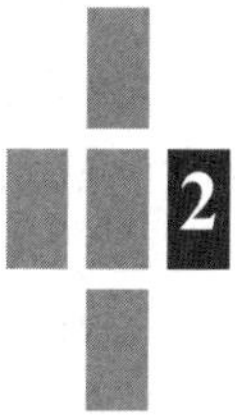

Dans la position des blocages et de ce qui pose problème, la carte Destinée vous présente avec une absence d'esprit d'initiative et de sens de la décision. Cette carte très importante montre que vous n'avez aucun sens des responsabilités et que, malgré toutes les qualités et possibilités qui sont en vous, vous ne semblez rien pouvoir extérioriser. Peut-être n'êtes-vous pas assez courageux pour ouvrir les portes qui s'offrent à vous ? Peut-être préférez-vous subir confortablement le destin qui, pour vous, est cousu de fil blanc jusqu'à votre mort ? Si vous n'avez aucune ambition, aucune envie, aucun désir pour quoi que ce soit, alors cette carte à cette place est la juste représentation de cet état d'esprit bien étriqué. Que diable, réveillez-vous ! Sortez de votre torpeur et ouvrez les espaces qui sont en vous. Ouvrez votre esprit et franchissez ces portes qui, bien qu'inconnues, mènent nécessairement quelque part…

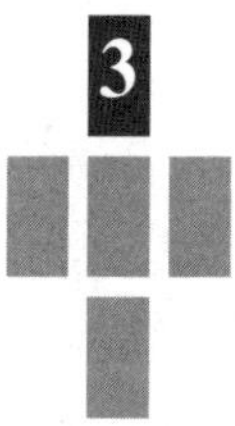

La Destinée en position de conseil est assez puissante et vous demande d'exercer pleinement votre sens des responsabilités et votre libre-arbitre. Avec cette carte comportant cette clé triomphante, il faut assumer des choix, s'engager et prendre des décisions. Si votre question concerne un projet professionnel, alors vous devez l'établir, le mettre en forme, décider d'aller de l'avant. Dans le registre de la vie sentimentale, cette carte figure qu'il faut se prendre en main pour provoquer des rencontres si vous recherchez l'âme-sœur. Rien ne se fera tout seul, une clé ne déverrouille une porte que si on la tourne !

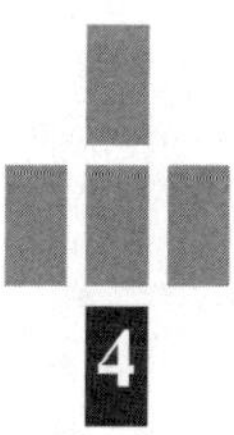

La Destinée en position de réponse vous indique que la problématique de votre question trouvera sa solution dans la prise d'une ou de plusieurs décisions importantes. Dans le registre professionnel, il faudra assumer un choix, un désir ou une envie particulière pour créer des opportunités nouvelles, vous offrir un climat de chance avantageux. Dans le registre amoureux, on verra une grande vitalité et l'affirmation d'une heureuse envie d'aller de l'avant, de prendre son destin en main et de provoquer des rencontres si vous êtes un consultant célibataire. Pour ceux qui vivent déjà en couple, il s'agira de prendre une nouvelle direction susceptible d'amener plus de liberté et d'épanouissement dans le respect mutuel. D'une façon générale, cette carte vous montre qu'en prenant vos responsabilités, vous aurez les moyens de réaliser vos projets et résoudre vos difficultés...

Avec la carte Destinée en synthèse, nous découvrons, quelle que soit la réponse que vous avez obtenue, qu'il y aura à long terme la nécessité de prendre des décisions très importantes, de faire des choix irrévocables. De nouvelles orientations seront possibles, de nouvelles opportunités apparaîtront... De quoi créer de nouveaux enjeux, de nouveaux désirs, de nouveaux projets...

* * *

N° 2 ▸ L'ÉTOILE DE L'HOMME

N° 3 ▸ L'ÉTOILE DE LA FEMME

Description et sens général

Ces deux cartes très semblables peuvent se présenter ensemble. Elles forment naturellement un couple avec la polarité masculine qui se complète avec la polarité fémininc.

Sur l'Étoile de l'Homme, nous voyons le visage d'un homme coiffé à la mode égyptienne qui rappelle qu'Edmond s'est inspiré, en fabriquant son oracle, du Tarot de Eteilla qui est lui-même d'inspiration égyptienne. Rien d'anormal donc, à ce que l'on retrouve, de temps à autre dans les dessins des iconographies qui évoquent cette ancienne et mythique civilisation. Dans l'Étoile de l'Homme, nous voyons le très fameux hexagramme, cette étoile à six branches appelée aussi sceau de Salomon, puisque ce roi antique, mille ans avant Jésus-Christ, considérait cette figure géométrique protectrice. Elle représente aussi le mélange et l'équilibre de l'élément eau, féminin et de l'élément feu, masculin. Traditionnellement, cette deuxième carte représente l'influence d'un homme. En fonction de la question, on verra, là aussi, la partie masculine et active du consultant.

Peu de différence sur la carte suivante qui présente le visage d'une femme – au regard surprenant, on en conviendra – surmonté lui aussi d'une étoile à six branches. Les traits de l'hexagramme sont moins stricts que pour celui de l'Étoile de l'Homme et il s'inscrit dans un cercle suggéré qui représente la matrice, la maternité… Traditionnellement, on dit que l'Étoile de la Femme représente la consultante s'il s'agit d'une femme ou une femme dans le jeu d'un homme. Si on veut aller un peu plus loin, on verra au travers de cette carte tout ce qui concerne la féminité : l'intuition, la douceur, la patience, etc.

Mots-clés, synonymes, significations

L'Étoile de l'Homme ➔ la masculinité, la force, l'action, l'énergie, la vitalité, etc.

L'Étoile de la Femme ➔ la féminité, la douceur, l'endurance, la patience, la force intérieure, etc.

Dans un tirage en croix

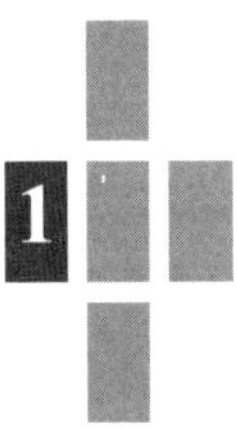

Si vous avez sorti en première position l'Étoile qui correspond au sexe du consultant, on dira qu'il est tout simplement bien avec lui-même et apte à réaliser les projets qui lui trottent dans la tête. Il dispose des ressources nécessaires pour affronter toutes sortes de difficultés, il apparaît épanoui, charismatique, simple et sans fard. Si le consultant a tiré l'Étoile du sexe opposé, alors cette première carte mettra, par exemple, l'accent sur les valeurs féminines d'écoute et d'intuition d'un homme, sa capacité à lâcher prise, à se montrer patient, alors qu'il s'agira de développer son sens de l'initiative ou affirmer son caractère s'il s'agit d'une consultante.

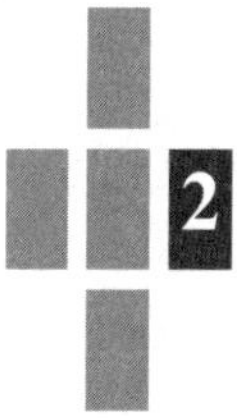

Dans la position des blocages, si le consultant a contre lui l'Étoile correspondant à son propre sexe, on considérera qu'il peut être son propre blocage. Sa manière d'être, son raisonnement, tout ce qui le constitue joue contre lui. Il faut voir alors dans cette configuration comment le consultant peut travailler sur lui-même pour mieux réussir ses projets. Si la carte sortie est du sexe opposé, alors l'Étoile mettra en avant la partie féminine du consultant ou la partie masculine d'une consultante comme ce qui pose problème pour avancer. Dans une question sentimentale, on reprochera à une femme de peut-être fonctionner comme un homme au point d'écraser son partenaire par exemple. Pour un consultant, il s'agira au contraire d'un manque de virilité, d'un défaut de confiance en soi amenant la confusion dans son couple.

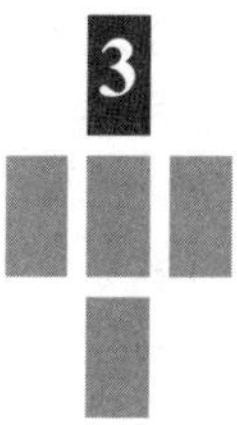

Quelle que soit l'Étoile sortie dans cette position de conseil, on verra dans cette carte la possibilité d'être aidé ou conseillé par un homme ou une femme d'importance. Mais si l'interprétation se veut plus subtile, on indiquera au consultant quel que soit son sexe, s'il s'agit de l'Étoile de l'Homme, qu'il doit exprimer plus de force de caractère, plus d'esprit combatif, plus d'esprit d'entreprise. Il doit aller de l'avant et sortir toute la masculinité qui est en lui. Si c'est l'Étoile de la Femme qui se trouve à cette place, le consultant ou la consultante devra se montrer patient, réceptif, faire preuve d'intériorité et gérer ses pulsions. Pas question de tout bousculer et place à la réflexion…

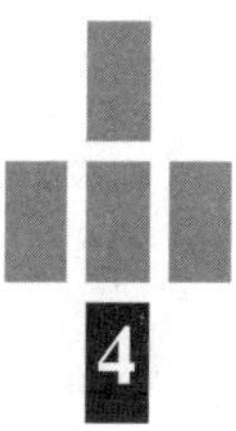

Si le consultant fait apparaître à cette place l'Étoile correspondant à son sexe, on conclura positivement en voyant dans cette carte une belle réalisation. Quelle que soit sa question, on verra ici qu'il parvient à ses objectifs, qu'il résout ses problèmes ou réalise ses projets, ce qui lui permet d'acquérir un profond bien-être au point qu'une carte qui le représente totalement est sortie en réponse. Si le consultant se trouve avec l'Étoile du sexe opposé, on verra une réponse qui globalement ira dans le sens du désir du consultant en amenant la libération de sa partie opposée : féminine pour un homme et masculine pour une femme. On interprétera donc, au-delà de la question posée, l'affirmation dans la vie du consultant d'une partie complémentaire. Notons enfin que, dans la tradition divinatoire de l'Oracle de Belline, on perçoit souvent dans ces deux cartes l'intervention positive d'un homme ou d'une femme – selon l'Étoile sortie – qui représentera le dessein du consultant.

Quelle que soit l'Étoile sortie à cette place, on verra avec cette carte d'excellents auspices sur l'avenir plus lointain marqué par l'épanouissement du consultant notamment s'il a tiré l'Étoile qui lui correspond. Si celle-ci est du sexe opposé, on comprendra que, à plus long terme, ce sont les caractéristiques de sa personnalité complémentaire (féminité pour un homme et masculinité pour une femme) qui s'exprimeront davantage…

LA SÉRIE SOLAIRE

CARTES 4 À 10

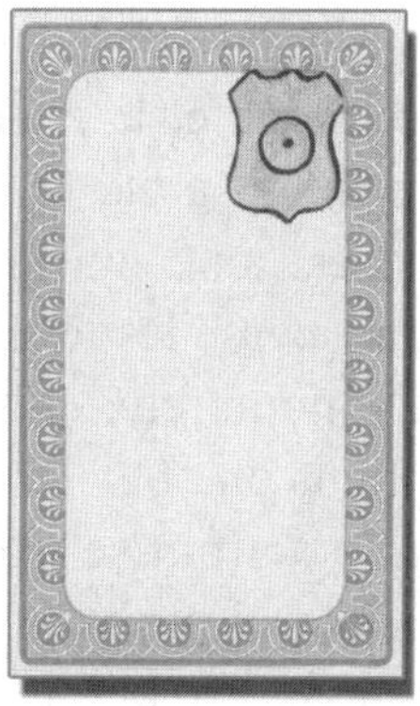

Le Soleil d'un point de vue astronomique

Objet céleste qui s'est formé en premier dans notre système solaire, le Soleil est une étoile âgée de 4,5 à 5 milliards d'années. D'un diamètre colossal d'environ 1 million quatre cent mille kilomètres et d'une masse vertigineuse de près de 2 milliards de tonnes, il est le centre autour duquel tournent toutes les planètes du système solaire, qui sont, dans l'ordre, Mercure, Vénus, la Terre, Mars, Jupiter, Saturne, Uranus, Neptune et Pluton. Sorte de gigantesque fournaise nucléaire, le soleil est une énorme boule de feu et d'énergie produite par un nombre infini de réactions de fusion ou de fission entre ses atomes. Sous une pression inimaginable, la température de la surface avoisine les 5500° C ; il est le seul astre qui produit lui-même sa lumière indispensable à toute forme de vie sur Terre…

Le Soleil d'un point de vue symbolique

Dans toutes les traditions philosophiques, légendes symboliques et spirituelles qu'ont bâties et diffusées les hommes, le Soleil a toujours joué un rôle central capital. Comment imaginer le contraire pour cet astre imposant qui, tous les matins, ramène la lumière rassurante et la chaleur bienfaisante. Très vite dans l'histoire, le Soleil a été relié au concept de Dieu créateur de toutes choses, amenant la chaleur, la vie, et sa lumière blanche qui transperce les ténèbres, apportant la joie, l'amour, la fertilité. De nombreux cultes solaires ont existé, comme chez les Égyptiens ou chez les Incas.

Le soleil joue un rôle actif et se trouve ainsi en lien avec les archétypes masculins qui amènent la créativité, le dynamisme, l'aura, l'entreprise, la joie… Pas étonnant que les cartes solaires de l'Oracle se nomment successivement la Nativité, Réussite, Élévation, Honneur, Pensée Amitié, Campagne Santé et Présents…

N° 4 ▸ LA NATIVITÉ

Description et sens général

Pour cette première carte solaire, le dessin est assez simple et représente un parchemin sur lequel est tracée une carte du ciel. On y voit les douze signes du zodiaque et les positions des deux luminaires qui sont le Soleil et la Lune. Il s'agit visiblement du thème natal simplifié d'une personne née sous le signe du Capricorne puisque le Soleil est à la pointe de ce signe.

En astrologie, le thème natal est une représentation du ciel au moment de la venue au monde d'une personne, sur son lieu de naissance. En l'analysant, l'astrologue découvre les forces et les faiblesses du caractère, les traits marquants de sa vie, les défis à relever, les épreuves à surmonter. C'est une sorte de photographie qui donne les éléments constitutifs majeurs du caractère d'une personne et du destin qui l'attend. Tout n'y est pas écrit de bout en bout car, bien sûr, le libre arbitre existe bel et bien ; disons que l'on distingue une trame de fond qui permet de se faire une idée de ce que l'on risque de vivre.

Il est assez censé de trouver la nativité comme première carte de l'Oracle si on considère les trois premières comme des cartes à part. Car nous sommes au point de départ, au démarrage. Et puis, le thème astrologique représenté est une manière d'anticiper ce qui va suivre…

Mots-clés, synonymes, significations

Nativité ➔ origine, point de départ, naissance d'un projet, début d'une relation sentimentale, plan d'action pour quelque chose que l'on va faire.

Dans un tirage en croix

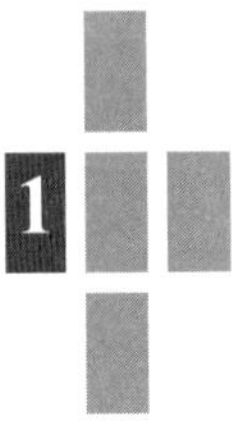

Vous apparaissez dans d'excellentes dispositions pour entreprendre, mettre en place et élaborer des idées, des projets, des situations nouvelles. D'autant plus si votre question concerne une perspective à mettre en forme, quelque chose à structurer.

Pour un célibataire en quête de l'âme sœur, par exemple, nous pourrions supposer qu'il se trouve dans un bon contexte pour faire une nouvelle rencontre. Sur un registre professionnel, c'est un état positif de confiance en soi pour démarrer un nouveau travail ou une nouvelle affaire... La Nativité est une venue au monde : vous apparaissez sous un jour nouveau, simple, authentique, sans faux-semblant...

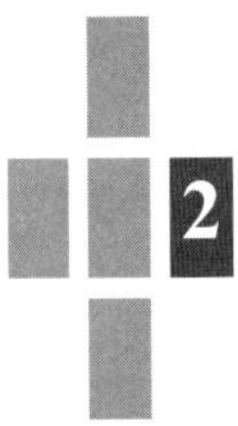

En position 2, la Nativité figure la problématique de votre question. S'agissant d'une carte exprimant l'origine des choses, la mise en place, la nouveauté, on peut supposer que le consultant connaît des difficultés sur le démarrage, la mise en route, l'accouchement de l'idée. Pour une personne qui souhaite monter une entreprise par exemple, on peut imaginer que celle-ci a du mal à savoir par quel bout commencer, quelles initiatives il convient de prendre en premier : c'est en somme un manque d'organisation lié à la fraîcheur et au manque d'expérience. Pour le salarié lambda, il peut s'agir, là aussi, d'un manque d'assurance, mais ce peut-être également un manque d'ambition et de résolutions positives, qui n'amène aucun sentiment de renouveau dans la vie professionnelle.

Sur le registre affectif, on imagine une relation qui a du mal à naître précisément. Deux amoureux secrets qui se tournent autour sans parvenir à se dire qu'ils se plaisent ou un couple en manque de renouveau qui n'arrive pas à trouver un second souffle…

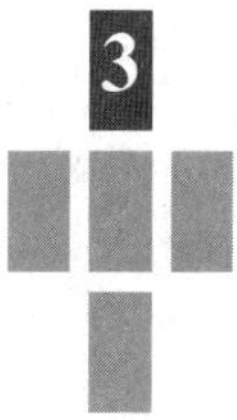

Voici la Nativité dans la position du conseil. Clairement, on vous demande d'affirmer et d'extérioriser ce qui est en vous, encore dissimulé. La nativité c'est la fin de la gestation marquée par l'accouchement ! Faut-il, au sens littéral, accoucher de vous-même ? Peut-être.

Au minimum, vous devrez adopter les attitudes que vous avez toujours gardées enfouies au fond de vous. Et puis la nativité, c'est aussi la création, l'éclosion. C'est le bon moment pour faire des projets, pour envisager des ambitions nouvelles quel que soit le contexte. Sur le plan professionnel, il faut proposer à votre patron une initiative nouvelle par exemple. Dans le registre affectif, cette carte peut figurer de nouvelles rencontres, de nouvelles têtes dans votre réseau amical et social et, bien sûr, évoquer l'idée d'une maternité, surtout si la question porte sur ce thème.

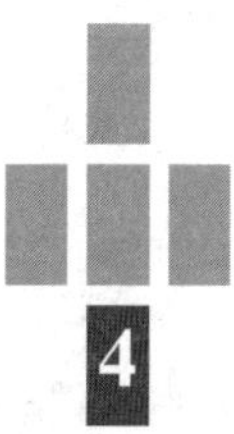

La Nativité dans la position de la réponse indique l'affirmation et l'éclosion d'une situation nouvelle, d'un projet novateur, d'une résolution. Tout cela amené sous l'angle satisfaisant et positif du Soleil. Si votre question concerne le bien-fondé d'un projet et si le reste du tirage est favorable, on peut alors conclure que votre projet se réalisera correctement. Sur un plan sentimental, on peut clairement envisager qu'une situation nouvelle verra bientôt le jour : rencontre, naissance ou nouveau souffle dans le couple. Dans la vie professionnelle d'un consultant soucieux de sa carrière, on pourra prédire la venue d'une nouvelle proposition, d'une opportunité prometteuse, d'une mission favorable ou, tout simplement, un nouveau travail. La nativité indique la nouveauté qui survient, qu'elle soit voulue ou non; généralement positive, tel un heureux événement.

Quelle que soit la question et quelle que soit la réponse obtenue, la Nativité dans cette position semble indiquer qu'à plus long terme, c'est une situation nouvelle qui s'imposera. Nouveau job, nouvelles relations, nouvelles résolutions viendront modifier une vie jugée trop ordinaire…

* * *

N° 5 ▸ RÉUSSITE

Description et sens général

Voici une carte qui parle d'elle-même. Une couronne de lauriers tournée vers le haut, ornée d'un ruban et d'une médaille, évoque tout simplement le succès, le triomphe, la récompense. Les lauriers, surtout présents dans les pays méditerranéens, furent consacrés et associés au soleil en raison du mythe selon lequel Apollon, un des douze grands dieux de l'Olympe et fils de Zeus rendait ses oracles en mâchant ses feuilles. On rapporte aussi qu'il transforma sa propre amante Daphné en lauriers; de nombreux temples dédiés à Apollon sont ainsi ornés de cet arbuste toujours verdoyant qui, selon la légende, n'est jamais touché par la foudre et permet une grande clairvoyance. Pas étonnant que les empereurs romains s'en soient parés la tête et que, deux mille ans plus tard, on le retrouve dessiné sur nos diplômes et présent au cours de cérémonies triomphales…

Mots-clés, synonymes, significations

Réussite ➔ succès, triomphe, récompense, mérite, joie, aboutissement heureux et très satisfaisant.

Dans un tirage en croix

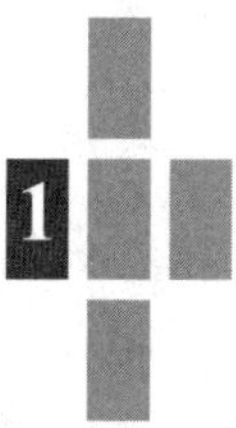

Avec une telle carte pour démarrer l'interprétation, on peut dire que tout va pour le mieux. Ce n'est certes que la première et rien ne présage de ce qui va suivre, mais nous pouvons tout de même déclarer que le consultant a beaucoup de choses pour lui, pour atteindre ses objectifs, réussir ses projets, résoudre ses difficultés. Quelle que soit la question que vous posez réellement, il semble que vous avez de nombreux potentiels, de grandes capacités et, tel un navire qui a le vent en poupe dans la tête de la course, vous pouvez voguer avec une certaine confiance. Vous avez de nombreux atouts qui vous permettront de dépasser les difficultés qui apparaîtront notamment avec la carte présente dans la position 2. À ce stade, on imagine que vous êtes un consultant charismatique, qui a eu ou a encore du succès, qui parvient naturellement à ses objectifs… Bref, que du bon pour démarrer, mais gare à la suite car, avec « une barre » aussi haute dès le départ, il ne faudra pas n'importe quelles cartes dans les emplacements suivants pour maintenir un tel niveau de « positif ».

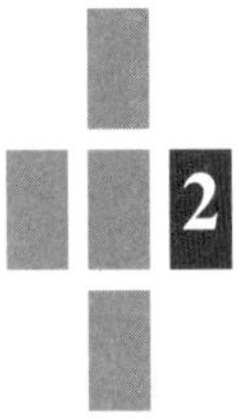

Voilà une carte qu'il est bien ennuyeux de rencontrer à cette position. Pourquoi ? Parce qu'elle évoque la joie du succès et qu'elle est contre le consultant. En somme, actuellement, elle indique, par rapport à votre question, que vous êtes incapable d'atteindre le succès et la réussite. Pour contrebalancer cette situation, il faudra des cartes résolument favorables dans les positions suivantes si votre question concerne la réussite d'un examen. Si votre problématique ne concerne qu'une situation banale, on peut supposer que cette Réussite-là ne sera pas fondamentale dans votre vie et que ne pas l'atteindre actuellement n'est pas une catastrophe.

S'il s'agit pour vous de connaître l'issue d'un projet ou d'une démarche bien précise, cette carte, malheureusement, indique de nombreuses difficultés et un succès bien difficile à atteindre : en somme, ne mettez pas la barre trop haut et diminuez votre niveau d'exigence !

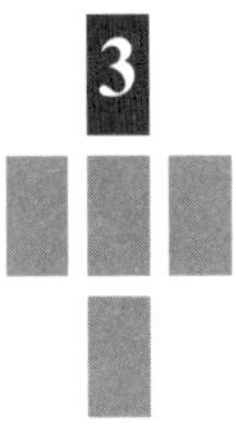

Avec cette carte dans la position du conseil et de ce qui peut potentiellement arriver, on peut dire que vos chances de succès, par rapport à votre question, sont vraiment réelles. Elle vous conseille d'avoir confiance en vous, en vos capacités, en vos charmes, en vos nombreux potentiels et, bien sûr, de vous affirmer, de les manifester, de les rendre publics et concrets. Avec ça, vous devriez résoudre vos difficultés et parvenir à vos fins. Que dire de plus ? Regardez tout de même la carte de réponse et vérifiez que celle-ci n'entre pas en contradiction avec votre potentiel de réussite, on ne sait jamais…

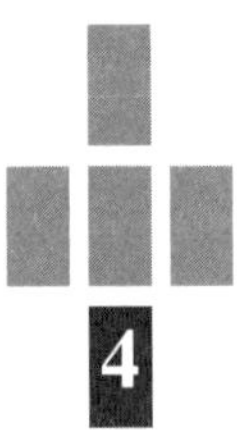

On ne peut guère rêver meilleure carte dans la position de la réponse, non ? La Réussite vous promet une issue favorable et heureuse. Quelque chose de très satisfaisant doit certainement se produire et, si votre question concerne l'issue d'un projet ou d'une initiative, la réponse est très prometteuse. Le seul bémol de cette carte est ce qui l'entoure : c'est-à-dire les trois cartes qui la précèdent. Il faut souhaiter que celles sorties avant aient été à peu près dans le même éventail de joyeuseté, sans quoi il faut considérer que la Réussite peut être quelque peu modérée voire revue à la baisse…

C'est une bonne carte qui sort en synthèse car elle augure des satisfactions sur le long terme. Si le tirage dans l'ensemble n'était pas très heureux, cette dernière carte amène une touche positive chargée d'espoir et de joie. Ainsi, si vous venez de découvrir que le projet qui vous est cher ne pourra vraiment pas se réaliser, vous pouvez tout de même compter sur une réussite un peu plus tard : un succès dans une direction autre à laquelle vous n'avez pas encore pensé.

* * *

N° 6 ▸ ÉLÉVATION

Description et sens général

Sur cette troisième carte solaire qui porte le nom Élévation, nous trouvons, pour l'illustration, une pyramide et une échelle. Tout ici semble se jouer autour des notions de hauteur et de « prise d'altitude ». Il ne s'agit pas certes de s'envoler dans les cieux comme peut le faire un oiseau, mais peut-être de grimper au sommet de cette pyramide à l'aide de l'échelle posée devant sa base, au premier plan de notre dessin.

Édifice très particulier utilisé comme tombeau dans l'Égypte Antique, la pyramide possède une base généralement quadrangulaire dont le symbolisme est l'équilibre et l'attachement au monde matériel, des arêtes aiguës et des faces pentues qui convergent, dans le ciel, vers un point unique qui représente l'unité primordiale, la source sacrée d'où émerge le monde. Gravie, la pyramide rappelle l'initiation, l'accès à la Connaissance telle que l'évoque également l'échelle. Dans la tradition chrétienne, elle est ce qui relie la terre au ciel, exigeant de fournir un effort (celui de grimper) et disposant de nombreux paliers (les barreaux) qui sont autant d'étapes dans l'acquisition de l'expérience.

Mots-clés, synonymes, significations

Élévation ➔ ascension, montée, prise d'altitude c'est-à-dire prise de responsabilité, envergure qui se développe, accroissement de charisme, développement des connaissances et des savoir-faire, prise de recul et prise de conscience, acquisition de maturité…

Dans un tirage en croix

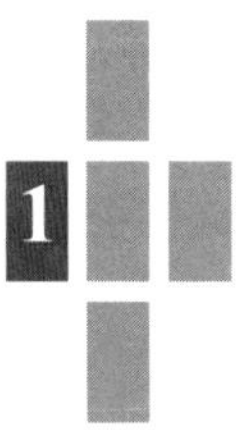

C'est une première carte tout à fait favorable qui se trouve à vos côtés pour illustrer ce qui va dans votre sens face à votre question. Car, avec une telle carte, on suppose que vous disposez de nombreux atouts pour avancer dans vos projets ou pour résoudre vos difficultés. Élévation suggère que vous avez du recul sur les situations que vous vivez, un certain lâcher prise ou un regard relativement objectif, non empreint de sentiments égoïstes tels que la jalousie ou l'envie. On peut vous percevoir avec un certain charisme, comme quelqu'un de fiable, qui a le sens des responsabilités et qui sait probablement manager. Sur un plan professionnel, vous pouvez donc compter sur une solide expérience et un parcours qui joue en votre faveur. Dans le secteur de la vie amoureuse, cette carte suggère que votre parcours jusqu'à présent vous mène à des attentes affectives qui sont précisément assez élevées. La qualité primera sans doute sur la quantité chez le célibataire qui demande comment dans sa vie affective il évoluera…

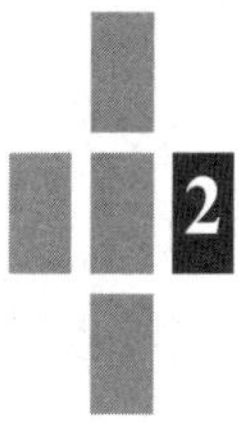

La carte Élévation joue contre vous ! Cela suggère que vous connaissez des difficultés dans ce qui touche à la progression. S'agit-il d'une élévation professionnelle, type promotion ou augmentation qui s'obstine et se refuse à vous ? Ou l'évolution de votre liaison amoureuse qui se maintient dans une vie de type « chacun chez soi » alors que vous désirez ardemment le mariage ? Par rapport à votre question, Élévation en contre évoque les progressions difficiles et laborieuses, la reconnaissance qui tarde à venir, le développement de vos projets qui ne se fait décidément pas… Concernant l'évolution d'un état de santé, cette carte montre les difficultés déjà en cours qui auront de la peine à se résoudre. Vous l'avez compris, pour que ce tirage aille dans un sens favorable à votre question, il faut impérativement qu'apparaissent une troisième et une quatrième cartes toutes deux assez fortes pour contrecarrer cette Élévation qui ne veut pas arriver.

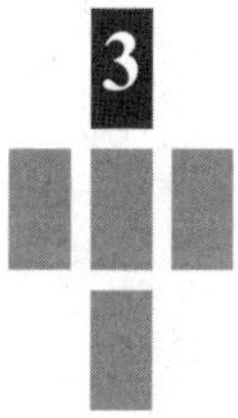

Dans la position du conseil, cette carte vous suggère clairement de prendre de la hauteur ! Mais évidemment, il ne s'agit pas d'escalader la vieille échelle en bois du grand-père qui se trouve à la cave. Ici la hauteur est purement symbolique. Peut-être s'agit-il simplement de prendre du recul pour avoir une vision de la situation plus globale, plus détachée… On voit toujours mieux les choses ou les problèmes que l'on rencontre en ne restant pas « le nez collé dessus »…

En d’autres termes, si vous connaissez des ennuis très importants, il conviendrait peut-être de cesser de vous en occuper en partant en vacances par exemple, ou en vous occupant d’un tout autre sujet, afin de vous pencher dessus, plus tard, avec un œil neuf qui saura très certainement vous inspirer la solution.

Mais plus concrètement, cette carte peut aussi vous conseiller de prendre de la hauteur dans le sens envergure et charisme. Vous devez sans doute vous faire davantage confiance et vous imposer comme quelqu’un qui possède un regard élevé sur toutes choses. Il faut développer de la maturité sur vos projets pour vous imposer ensuite et asseoir un rayonnement plus important.

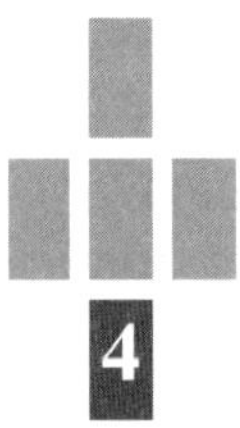

En réponse, cette carte Élévation est tout à fait positive et réjouissante car elle vous annonce un développement, une prise de responsabilité, une augmentation, une amélioration, un aboutissement qui vous amène un développement de votre assise et de votre expérience. Si votre question concerne l’issue d’un projet professionnel, vous pouvez compter sur un succès qui vous amènera certainement une vision élargie de vos perspectives futures. Sur le plan financier, on peut tout à fait espérer un accroissement de revenus et, sur le volet de la vie amoureuse, une situation pleine de sagesse et d’intelligence.

L’évolution sur le long terme est illustrée avec la carte Élévation. Celle-ci montre que votre vision des situations que vous connaissez aura certainement tendance à s’élargir et se développer dans le sens d’une plus grande maturité. Si la réponse obtenue n’était pas vraiment à votre goût, vous pouvez espérer un avenir meilleur dans lequel vous évoluerez intérieurement avec des projets, des objectifs et des visions de la vie, peut-être différentes mais assurément nourries de lâcher prise, d’intelligence et de sagesse. Elle modère les difficultés que vous serez censé rencontrer si le tirage était difficile, elle montre que vous saurez parfaitement en tirer une expérience de vie enrichissante. Dans le cas contraire d'un tirage très favorable, elle conforte la tendance sortie…

* * *

N° 7 ▸ HONNEURS

Description et sens général

Vous commencez à le constater si vous lisez ce livre de façon chronologique et linéaire (ce qui, d'après moi, n'est tout de même pas la meilleure méthode puisqu'il s'agit d'un livre pratique destiné à être ouvert en fonction des cartes que l'on tire…), les cartes solaires sont tout à fait heureuses et encourageantes. La quatrième de la série, qui porte le très porte-bonheur chiffre 7 que les spécialistes de symbolisme et de numérologie n'auront pas manqué de commenter ne déroge pas à la règle. Évoquant les succès et les réussites, amenant la satisfaction personnelle, la reconnaissance sociale et publique, nous trouvons sur le dessin d'Edmond les traditionnelles représentations du pouvoir et de l'assise sociale : la couronne et le sceptre. Au diable l'avarice, il y en a même deux qui sont représentés. Le premier possède un pommeau sphérique qui représente le globe terrestre et l'idée d'universalité. Le second est embelli d'une main dont, seul, l'index est tendu. C'est la main de l'autorité et du juge.

Mots-clés, synonymes, significations

Honneurs ➔ réussite personnelle, succès d'amour-propre, fierté, notoriété, reconnaissance publique, atteinte des objectifs…

Dans un tirage en croix

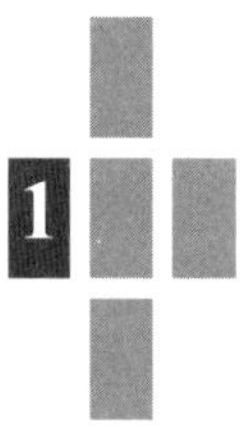

Cette carte en première position suggère que vous avez avec vous une expérience et un parcours jalonné de satisfactions personnelles qui représentent de bons atouts pour prétendre continuer sur la voie du succès. Vu de l'extérieur, on pourrait penser que pas grand-chose ne vous a résisté jusqu'à présent ou que, par rapport à votre question, vous semblez en pleine possession de vos moyens, dans la capacité d'atteindre des objectifs assez ardus. Sur un plan professionnel, vous bénéficiez sans doute du soutien de votre supérieur hiérarchique et peut-être même de l'admiration de vos collègues de travail… Toutefois, ne prenez pas la grosse tête… C'est aussi le risque avec cette carte, qui nous parle des réussites personnelles et des satisfactions d'amour-propre, de tomber dans une fierté mal placée que certains pourraient vous reprocher…

En deuxième position, cette carte, qui représente les satisfactions et les réussites personnelles, est tout à fait problématique. Elle vous montre que la réussite que vous recherchez est probablement difficile à atteindre et que, par conséquent, vous serez amené à envisager une remise en question, une autre manière de travailler. Cette carte qui se nomme

Honneurs suggère que votre amour-propre, votre orgueil y est peut-être pour quelque chose dans les difficultés que vous rencontrez. N'êtes-vous pas trop sûr de vous ? Telle est la question que vous pose l'Oracle de Belline avec cette carte qui joue contre vous !

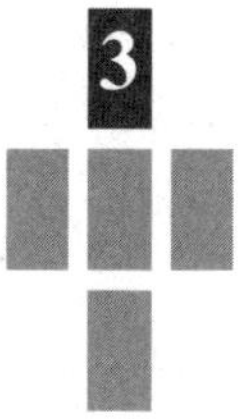

En troisième position, la carte Honneurs vous conseille de vous affirmer et de faire honneur à toutes vos capacités. Il faut vous faire confiance, vous conforter dans votre amour-propre d'une part et dans les talents qui sont en vous d'autre part. Face aux problèmes que vous rencontrez, il convient d'être plus sûr de vous, moins influençable donc, montrer ce que vous savez faire et qui a toutes les chances, en plus, d'être apprécié et reconnu. Dans une relation amoureuse houleuse, cette carte pourrait vous conseiller de continuer à affirmer vos points de vue jusqu'à ce que l'on reconnaisse que les directions que vous empruntez sont les bonnes. Dans le travail, c'est évidemment un conseil d'aller de l'avant, de poursuivre vos efforts et surtout de croire en vous…

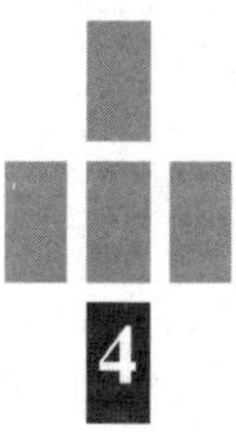

Cette carte Honneurs qui arrive en réponse est des meilleurs augures si votre question concerne la réussite et la reconnaissance d'un projet professionnel par exemple. C'est en effet une carte qui vous assure un sentiment de fierté dans le monde dans lequel vous évoluez. Dans le travail, c'est, bien sûr, c'est quelque chose qui ressemble une promotion qui pourra tomber, des félicitations accompagnées d'une bien belle augmentation par exemple. Sur le plan amoureux, si votre question concerne l'évolution possible d'une liaison, on imaginera que celle-ci se stabilisera amenant une sérénité qui suscitera peut-être même le respect de votre entourage.

En dernière position, la carte Honneurs modère considérablement les difficultés sorties si vous avez obtenu un tirage défavorable. Elle vous annonce une période à venir qui vous apportera un sentiment de fierté. Si la réponse à votre question était déjà positive, alors cette dernière carte apporte une note lumineuse qui vous assure du succès dans vos affaires, de l'amour dans votre vie sentimentale, une santé de fer, etc.

* * *

N° 8 ▸ PENSÉE AMITIÉ

Description et sens général

Les cartes de la série solaire ont toutes une connotation agréable et joyeuse. C'est bien sûr le cas de la huitième carte de l'Oracle de Belline. Évoquant les sentiments de sympathie et d'affection qu'une personne éprouve pour une autre, nous trouvons le mot-clé Amitié, juxtaposé derrière le mot Pensée. Ce dernier n'est pas à saisir dans son sens strictement intellectuel et cérébral, penser est bien sûr l'acte psychique visant à rationaliser, comprendre et développer des idées et des concepts, mais sous sa connotation affective : lorsqu'une personne pense à quelqu'un d'autre avec bienveillance notamment. Ces deux mots accolés l'un à l'autre sont illustrés par deux dessins. Au centre, nous trouvons la tête d'un chien qui représente la fidélité en amitié, car ne dit-on pas que le chien est le meilleur ami de l'homme ? Cet animal est un des premiers à avoir été domestiqué, devenu très rapidement symbole de la confiance et de la vigilance ; il est excessivement rare de le trouver avec un sens symbolique négatif. En dessous, au premier plan, nous découvrons une plante qui n'est autre qu'une pensée. Cette petite fleur de la famille des violacées est très appréciée pour ses qualités ornementales en raison de ses délicats pétales roses, jaunes ou violets. Sur le plan de la symbolique des fleurs, ce sont évidemment celles-ci qu'il faut faire porter à une femme pour lui faire savoir que l'on pense beaucoup à elle.

Mots-clés, synonymes, significations

Pensée Amitié ➔ affection, sympathie, fidélité, sincérité et attachement ; tranquillité, harmonie entre les personnes, entente, paix, loisirs, échanges.

Dans un tirage en croix

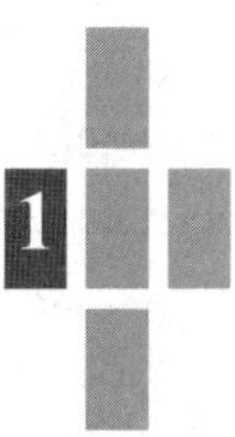

Dans cette première position, la carte Pensée Amitié vous présente comme une personne chaleureuse qui peut avoir l'avantage d'être bien entourée, bien appréciée. Vous êtes probablement une personne charismatique qui aime les gens et va au-devant des autres. Par rapport à votre question, vous ressortez avec une énergie positive et chaleureuse qui vous aidera si votre problème concerne essentiellement vos relations avec les autres ou avec quelqu'un en particulier. Dans le registre professionnel, on considérera que vous avez le talent et le charisme nécessaires pour entreprendre de nouveaux projets ou réussir dans les initiatives que vous prenez. Examinez les cartes qui succèdent à cette première pour avoir plus de détails sur la résolution de votre question.

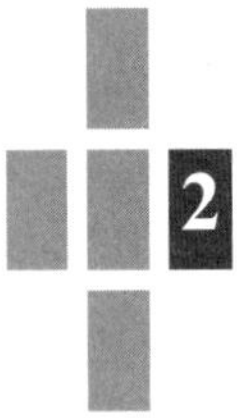

Dans la position des difficultés et blocages, cette carte Pensée Amitié suggère que vous manquez beaucoup de soutien ; manifestement, trop peu de personnes pensent à vous, pas assez de monde vous entoure. Il faut donc comprendre que vous avez peu de charisme et un potentiel de séduction insuffisant. Si votre question concerne la vie relationnelle, amoureuse ou tout simplement amicale, on découvre avec cette deuxième carte que vous souffrez de blocages qui vous empêchent de vous réaliser sur ce plan. Si votre question concerne l'évolution de votre vie professionnelle, on dira avec cette carte que vous ne suscitez pas beaucoup de sympathie, ni l'envie véritable de vous aider. Il faudra donc revoir votre manière d'être, votre façon de vous exprimer puisque votre situation relationnelle évoque un manque important d'épanouissement.

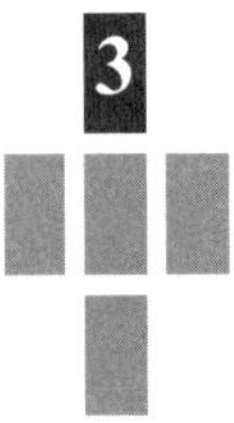

Dans cette troisième position, la carte Pensée Amitié suggère que des aides amicales extérieures peuvent tout à fait survenir. Vous semblez une personne dynamique, énergique et séduisante ; vous savez être naturellement entouré en fédérant les gens autour de vous. C'est donc de ce talent qu'il faut user à présent. Face à votre question, si celle-ci concerne un plan personnel, on vous encourage à rencontrer les gens autour de vous, à organiser votre vie sociale et amicale de sorte à ce que les gens puissent vous aider pour la résolution de vos problèmes ou la réussite de vos projets. De même dans le registre professionnel où on vous demande d'affirmer votre sens des autres pour bénéficier d'un maximum de soutiens.

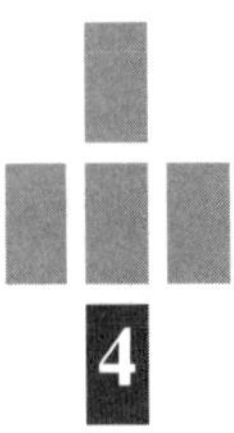

La carte Pensée Amitié qui apparaît dans la position de la réponse est très favorable et de bon augure si votre question concerne un problème relationnel de dialogue et de communication. Avec elle, votre charme et votre influence sauront s'affirmer et vous rendre attractif et fédérateur. Sur un plan professionnel, vos projets seront soutenus et encouragés ; vous ne devriez pas avoir le sentiment d'être seul au monde avec vos idées, vos envies et vos attentes. Globalement, cette carte est assez positive et va dans le sens d'une résolution et d'une amélioration par rapport au problème que vous exposez.

Dans la position de ce qui représente quelque peu l'épilogue de votre tirage, la carte Pensée Amitié révèle un avenir plus lointain serein et relativement plaisant. Des soutiens amicaux vous seront apportés. Vous n'aurez pas l'impression d'être totalement seul. Si votre tirage s'est révélé défavorable, cette dernière carte apporte une touche positive qui doit vous faire espérer des moments plus agréables dans l'avenir…

* * *

N° 9 ▸ CAMPAGNE SANTÉ

Description et sens général

Dans la série des cartes solaires, souvent très joyeuses, glorieuses et particulièrement énergisantes, voici la neuvième de l'Oracle de Belline qui inspire le calme, le repos et la tranquillité. Étymologiquement, campagne de l'ancien français champaigne est une étendue vaste de plat pays. De nos jours, on l'oppose à la ville dont le style de vie est radicalement différent et opposé. Là où l'agitation d'un mode de vie urbain s'avère stimulant mais aussi fatigant, la campagne et la nature qui l'occupe amènent une sérénité, un sentiment de retour aux sources de ce qui est authentique et essentiel. « Partir à la campagne » est l'expression qui aujourd'hui signifie quitter la cité et ses turpitudes pour le calme champêtre et bucolique des forêts, des champs ou de la montagne ; les vrais paysages, ceux qui étaient là bien avant que l'homme ne fasse son apparition. Avoir une maison de campagne, c'est posséder un lieu éloigné, en dehors de son quotidien, dans lequel on se ressource pour le week-end ou pour des vacances… Dans lequel on retrouve la santé. Deuxième mot-clé de cette carte, qui est la définition d'un organisme qui fonctionne bien, juxtaposé à Campagne, nous avons parfaitement l'idée de l'équilibre serein, détaché des contingences stressantes qui nourrissent le quotidien de l'homme occidental d'aujourd'hui.

C'est également l'esprit du dessin qu'Edmond a réalisé sur lequel nous voyons une modeste maison à l'abri d'un arbre imposant. À gauche du tronc, un lys majestueusement épanoui évoque la pureté traditionnellement liée à sa blancheur caractéristique, mais également la royauté, symbole en relation avec l'aspect solaire de la carte. L'arbre symbolise bien évidemment l'enracinement et la protection tandis que la maison, humblement posée derrière lui, illustre ce qui a été dit plus haut : elle est le foyer, l'endroit dans lequel on se ressource, on se repose, on retrouve la santé…

Mots-clés, synonymes, significations

Campagne Santé ➔ vacances, loisirs, modestie, tranquillité, repos, détente, simplicité, humilité, caractère naturel…

Dans un tirage en croix

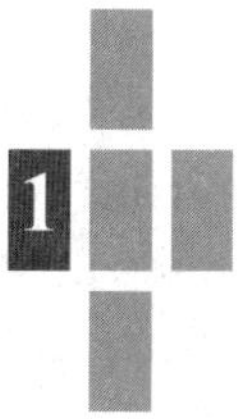

Voici une carte tranquille et posée pour démarrer l'interprétation de votre tirage. Campagne Santé vous représente et montre un certain calme de votre part face aux difficultés que vous rencontrez et la question que vous posez. Détendu, plein de lâcher-prise, c'est un peu comme si vous aviez décidé de voir le bon coté des choses, de demeurer optimiste, ouvert à toutes les possibilités. Cela est d'autant plus important que, de cette manière, vous ne gaspillez pas votre énergie en tous sens, dans des peurs inutiles ou des colères stériles. Modeste, simple, vous avez toutes les qualités d'une personne de confiance, charismatique par sa discrétion, sage, équilibrée et probablement pleine de ressources intérieures !

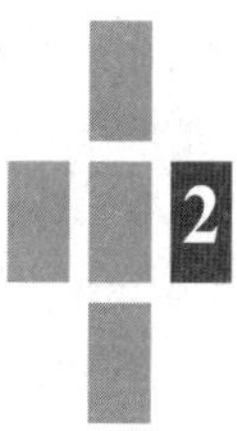

Dans cette position ennuyeuse, la carte Campagne Santé montre une problématique liée à la détente et au relâchement. De prime abord, elle nous suggère que vous ne prenez pas assez de temps pour vous, pour vous reposer, pour relever la tête du guidon et souffler, le temps de lâcher prise et de prendre du recul. Par rapport à votre question, il faut clairement vous montrer plus simple dans ce que vous entreprenez, déclarez ou pensez. Êtes-vous assez humble dans vos démarches et n'êtes-vous pas épuisé par des initiatives inutiles ? Mais, à l'inverse, puisque dans cette position, cette carte représente une difficulté liée à sa thématique, celle-ci pourrait illustrer un excès de décontraction, ce qui précisément peut vous empêcher d'avancer correctement dans vos démarches. Veillez donc à ne pas confondre loisir et paresse…

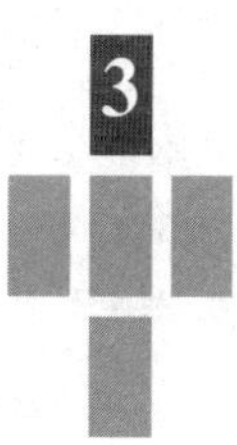

Dans cette troisième position, la carte Campagne Santé vous conseille quasiment de partir en vacances ! Carte tranquille et reposante, ce n'est manifestement pas le moment pour entreprendre toutes sortes de choses, notamment sur le plan professionnel. Là où vous êtes impatient et plein de créativité, on vous demande de la légèreté et une décontraction. Ne vous précipitez donc dans rien et prenez plutôt le temps de vivre. C'est peut-être d'ailleurs en vous aérant l'esprit que vous trouverez les meilleures solutions à vos problèmes, les ressources utiles pour avancer, etc. Dans le registre amoureux, cette carte gentille vous conseille de vivre tranquillement, de prendre le plaisir là où il se trouve, dans le respect, le bien-être et la détente. Si la question concerne l'évolution de la santé, on nous indique clairement la nécessité d'une convalescence qui, selon la dernière carte, devrait s'avérer favorable.

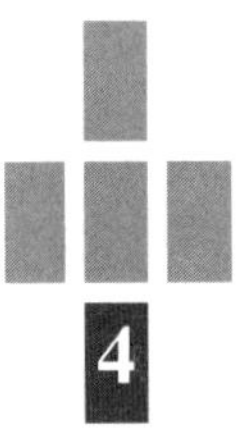

Dans la dernière position, celle de réponse, la carte Campagne Santé n'est effectivement pas très ambitieuse pour une carte solaire. Évoquant la tranquillité, les vacances et le repos, elle s'avère très favorable si votre question concerne la résolution d'un conflit, l'amélioration d'un important problème perturbant et stressant ou carrément un départ en vacances et un voyage touristique. Mais, si vous vous inquiétez de l'obtention d'un diplôme ou d'une promotion, il est vrai que cette carte, sans être néfaste, n'indique pas grand-chose en ce sens. Évoquant un certain lâcher-prise, on peut même penser que quel que soit le résultat, cela ne se révélera finalement pas aussi important et indispensable que ce que vous estimiez. Globalement il ressort un certain bien-être, proche du détachement, mais rien de très dynamique ni de très exubérant : une carte qui contrariera les impatients de nature…

Dans la dernière position, cette carte Campagne Santé vient apporter une note de fraîcheur et de tranquillité, notamment si vous avez obtenu un tirage un peu contrariant. Elle indique, à plus long terme, une détente de votre part, des vacances ou tout simplement un détachement de ce qui vous préoccupe aujourd'hui. Que les problèmes soient résolus ou non, vous arriverez à prendre le temps de vivre pour vous, avec un certain recul et un authentique lâcher-prise…

* * *

N° 10 ▸ PRÉSENTS

Description et sens général

Cette dernière carte solaire fait partie des meilleures et des plus appréciées dans l'Oracle de Belline. Toujours sous l'inspiration de notre astre roi, cette carte amène beaucoup de gaieté, de plaisirs, de satisfactions, de bonheur. Nous sommes ici dans le don, la générosité et les cadeaux comme le nom Présents l'indique. L'image qui la représente est on ne peut plus claire puisque nous voyons, surgissant d'un nuage, une main qui distribue un sceptre, une couronne, une médaille et sept pièces de monnaie multicolores. Il y a dans la répartition de ces objets un dynamisme et une fluidité puisque l'on constate qu'ils tombent littéralement et viennent vers nous. La main est bien sûr la main de Dieu, la main de l'univers, du Créateur : il représente une force supérieure qui aujourd'hui, dans son infinie bonté, amène des surprises qui pourront concrètement améliorer le destin de ceux qui les reçoivent.

Car il ne s'agit pas de n'importe quoi : le sceptre, la couronne et la médaille sont des distinctions honorifiques sociales très importantes. Qui les possède est quasiment assuré d'avoir la vie qui va avec, c'est-à-dire une vie non ordinaire, probablement très agréable et plus facile. Les sept deniers distribués évoquent bien sûr la richesse matérielle, l'aisance souvent inhérente à ceux qui ont le pouvoir ou des fonctions importantes. Avec cette carte, c'est donc la possibilité, tout à coup, de s'affranchir des limites imposées par son rang, sa fortune et son expérience, et de profiter d'une amélioration considérable tant financière qu'intellectuelle ou relationnelle.

Mots-clés, synonymes, significations

Présents ➔ cadeaux, chance, gratification, faveurs, possibilités inattendues, rencontre intéressante, le destin amène concrètement quelque chose ou quelqu'un qui améliore votre condition…

Dans un tirage en croix

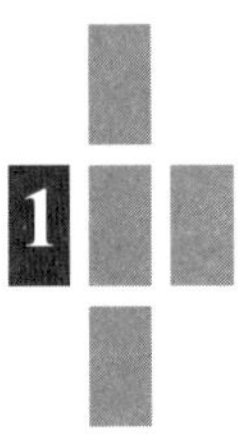

La carte Présents qui vous représente suggère que vous avez de nombreux atouts en vous pour résoudre les difficultés qui se posent à vous et avancer dans vos projets. Cette carte solaire vous révèle avec un charisme certain, un équilibre et un bien-être totalement entiers. Vu de l'extérieur, certains diront que tout vous sourit, que la chance est avec vous. Et peut-être que, par rapport à votre question, ils n'ont pas tort. Car Présents, dans cette position, c'est un peu bénéficier des faveurs du destin. On suppose que peu de choses vous résistent vraiment ou que, quoi qu'il en soit, vous parvenez toujours à vos objectifs, en bénéficiant parfois de coups de pouce aussi heureux qu'inattendus…

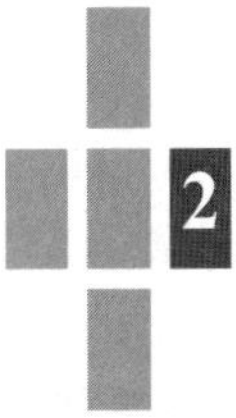

Dans la position de ce qui révèle les difficultés de la question que vous posez, la carte Présents est vraiment très moyenne ! Puisque celle-ci représente les faveurs du destin ou, disons, une forme de chance, la trouver à cette place révèle que vous manquez probablement de ce genre de soutien bénéfique. Par rapport à votre question, rien ni personne ne vous offrira quoi que ce soit : pas un renseignement, pas un conseil, pas une aide financière, pas de miracle en vue, rien, personne n'interviendra avec une baguette magique pour tout améliorer. Voilà ce que cette carte contre vous nous indique. La conclusion à en tirer est qu'il ne faut surtout rien attendre des autres ou du destin et ne compter que sur vous !

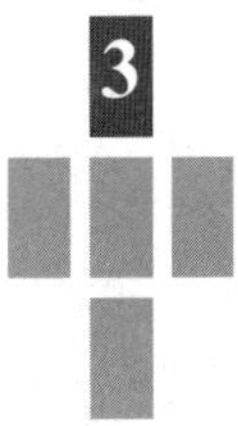

Présents dans la troisième position est une sérieuse option, non pas sur la victoire, mais sur une réponse très positive. Encore que, bien évidemment, il faut voir quelle carte apparaît à la dernière place. Mais, même si celle-ci se révèle peu positive, la simple présence de Présents modère d'avance, ce qui peut surgir en réponse… Pour l'heure, notre carte vous conseille d'accepter les faveurs du destin qui, a priori, ne devrait pas manquer de se faire remarquer ! Il ne s'agit pas pour vous d'entreprendre grand-chose, mais d'être réceptif à tout ce qui peut être bon autour de vous. De bons conseils peuvent vous être donnés, une aide financière peut survenir, une amélioration concrète de votre situation peut vous autoriser une marge de liberté nouvelle, ce qui ne manquera pas de vous aider à résoudre la problématique qui se pose à vous. Dans le registre professionnel, on pensera qu'il s'agit d'une perspective de promotion ou une opportunité nouvelle très intéressante qui s'offre à vous. Dans la vie amoureuse, on pensera bien sûr qu'une rencontre sera possible dans la vie d'un consultant célibataire si cela est sa demande. Quelle que soit la question, cette carte amène une vraie éclaircie dans les ciels obscurs des gens qui consultent…

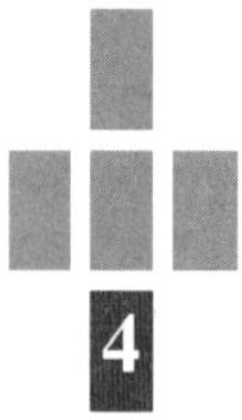

À cette dernière place, la carte Présents est véritablement très favorable ! Elle annonce une réponse heureuse et très épanouissante. Carte de chance et de succès, on voit clairement sur le dessin le ciel et le destin qui accordent leurs faveurs par des biens concrets. Ainsi sur les plans strictement financiers, professionnels ou immobiliers, cette carte annoncera toutes sortes de profits et coups de chance intéressants. De même, dans un registre affectif, on conviendra qu'il y aura là des perspectives de rencontres et de bien-être, mais on se réservera tout de même en relevant l'aspect précisément matériel de la carte, ce qui, d'une certaine façon, dans le registre des sentiments amoureux précisément, n'est pas très sensuel ni affectueux, ni passionné. De là à prédire une rencontre sympathique mais intéressée, il n'y a qu'un pas qu'on se gardera tout de même de franchir trop aisément sans tenir compte du tirage complet et de la fameuse carte synthèse. D'une façon générale, cette carte est très satisfaisante mais, il convient cependant de rester humble et modeste ; bien des gens ont déchanté après avoir connu l'opulence pour avoir pris la grosse tête…

Dans cette position de synthèse, la carte Présents est très chouette et aura tendance à modérer tous les aspects défavorables sortis dans le jeu. Attention cependant, elle ne les annule pas, mais semble promettre un avenir meilleur et un destin favorable à ceux qui auraient recueilli une réponse bien tiède. Si cela n'est pas le cas, Présents vous permet d'espérer un avenir lointain très agréable avec quelques facilités bien concrètes…

LA SÉRIE LUNAIRE

Cartes 11 à 17

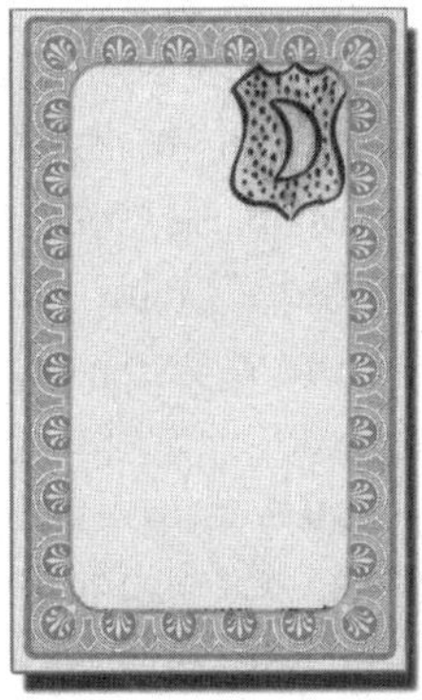

La Lune d'un point de vue astronomique.

Les origines de la Lune sont assez mystérieuses puisque, d'un point de vue scientifique, plusieurs hypothèses sont débattues. On sait, d'après la datation de ses roches ramenées sur Terre que cet astre s'est formé en même temps que tous les autres, y compris la Terre, il y a environ 4,5 milliards d'années. Comment la Lune est devenue notre satellite : là est la question. Pour certains, il s'agit d'une petite planète errante qui a été capturée par le champ gravitationnel de la Terre. Pour d'autres, la Lune s'est formée par l'agrégation progressive de planétésimaux en orbite autour de la Terre primitive. Mais l'hypothèse la plus accréditée aujourd'hui est celle selon laquelle la Terre primitive aurait été heurtée par une planète errante de la taille de Mars ; sous le choc, les noyaux des deux planètes auraient fusionné tandis qu'une partie de leur manteau et de leur croûte, vaporisés dans l'espace, se serait condensée et satellisée en quelques heures pour former la proto-lune. Ainsi serait né notre satellite, à la suite d'un cataclysme planétaire…

La Lune est un des astres que nous connaissons le mieux aujourd'hui puisque nous y avons envoyé de multiples sondes et même des hommes, au début des années soixante-dix, à l'apogée d'une formidable course à l'espace. En réalité, astre très petit, d'un diamètre de 3476 kilomètres (un quart de celui de la Terre) et très proche de nous (environ 300000 km, les missions Appolo s'y rendirent en un peu plus de 72 h), la Lune nous apparaît aussi grande que le Soleil. Cela est probablement la raison principale pour laquelle les premiers hommes y virent un couple masculin et féminin de divinités. Faut-il rappeler que la Lune ne produit pas sa lumière argentée caractéristique ? Il ne s'agit que de son sol poussiéreux gris blanc qui réfléchit la lumière du Soleil exactement comme un miroir.

La Lune tourne autour de la Terre en 28 jours provoquant, en fonction de sa position, les fameuses phases lunaires qui modifient ce qu'elle nous offre à contempler : tantôt un croissant, tantôt un disque parfait. Elle régit également les marées et de nombreux rythmes biologiques chez les êtres vivants, des végétaux aux animaux, y compris les humains, dont le cycle féminin est étrangement calqué sur le rythme des phases lunaires…

La Lune d'un point de vue symbolique

Pour les raisons évoquées plus haut, la Lune a toujours été perçue comme le complémentaire féminin du Soleil, lui-même vu comme un symbole masculin majeur. Réfléchissant la lumière de l'astre roi, son rôle passif a été pressenti par les premiers hommes bien avant que nos connaissances scientifiques le valident.

Les significations symboliques de la Lune sont très nombreuses, mais tournent principalement autour des notions de féminité et de maternité, ces deux aspects étant relativement proches. Ainsi, nous trouverons des représentations de la lune qui évoquent la gestation, la sensibilité et l'expression des sentiments, des émotions, la vie interne des pensées, la psyché, l'intuition…

Mais, dans l'Oracle de Belline, ce ne sont pas précisément ces significations-là qui ressortent le plus, même si nous retrouvons les empreintes d'une certaine passivité et d'une intériorité forte. Dans son étude symbolique, il faut évidemment voir que la Lune est l'astre de la nuit, son emblème, sa représentation. La nuit, l'obscurité, les ténèbres s'opposent au jour et à la lumière qui le caractérise. En ce sens, en tant qu'ambassadrice de la nuit, la Lune revêt un aspect effrayant, source d'angoisses et d'inquiétudes diverses. En des temps anciens, on croyait que les mauvais esprits habitaient sur la Lune et que les âmes des défunts non purifiés étaient envoyées là-bas. Sorte de royaume de l'au-delà, n'oublions pas également d'évoquer la pleine lune. Les nuits sans lune ou de pleine lune étaient considérées comme particulières et, le plus souvent, malfaisantes. Au Moyen-âge on craignait que des sorcières maléfiques ne pratiquassent leurs rituels étranges lors de ces nuits-là. Il nous est resté des légendes populaires selon lesquelles les nuits de pleine lune voient une recrudescence de l'agressivité et une électrisation de l'atmosphère générale…

N° 11 ▸ TRAHISON

Description et sens général

Pour initier la série lunaire, le ton est donné avec cette sombre carte au nom aussi sinistre que celui d'un ennemi public numéro un : Trahison. Un tel nom évoque fatalement des situations émotionnelles bien délicates puisque la trahison est le fait de tromper la confiance accordée par une personne ou de mettre à jour des paroles ou des actes tenus secrets en dépit d'une promesse ou d'une loyauté envers quelqu'un... On peut imaginer que la trahison est fatalement liée à une personne extérieure à soi, mais c'est oublier la forme pronominale du verbe qui rappelle qu'on peut parfaitement se trahir soi-même, c'est-à-dire laisser paraître des intentions que l'on ne parvient pas à dissimuler, mais aussi parfois accepter des compromis indélicats qui vont à l'encontre des valeurs que l'on porte ou des promesses que l'on a faites...

L'image représente un chat bleu noir, le dos et la queue hérissés, les yeux globuleux, les moustaches tendues, la patte avant droite prête à frapper de cinq griffes acérées : c'est un dessin angoissant qui présente cet animal sous un angle menaçant et lugubre malgré les faveurs que nos foyers lui accordent aujourd'hui. Il n'en a pas toujours été ainsi, car le chat, dans de nombreux courants traditionnels, revêt en effet souvent une valeur négative et sournoise. Peut-être à cause de sa grande indépendance de caractère, mais plus sûrement à cause de son œil qui se transforme dans l'obscurité et lui permet de voir dans le noir comme en plein jour. Cela lui donne une assurance dans l'obscurité qui lui a valu d'être imaginé comme un allié des puissances des ténèbres avec pour défaut la convoitise, la cruauté... Chez les Celtes, il était rituellement sacrifié et au Moyen-âge, il était le compagnon des sorcières, détenteur de pouvoirs occultes et mystérieux... Aujourd'hui encore, pour les plus superstitieux d'entre nous, croiser un chat noir est un bien mauvais présage...

Mots-clés, synonymes, significations

Trahison ➔ tromperie, duperie, manque de loyauté, dénonciation, infidélité, rupture de confiance, révélation indélicate, compromis défavorable...

Dans un tirage en croix

La carte Trahison en première position vous montre, face à votre question, dans un bien curieux sentiment. Cette carte assez lugubre peut suggérer, comme son nom l'indique, que votre question est motivée par une déception que vous avez vécue ou un désaveu que vous avez perçu vis-à-vis de quelqu'un. À moins que vous soyez vous-même en train de vous trahir en osant poser cette question qui est le sujet de votre tirage... Quoi qu'il en soit, vous apparaissez dans un sentiment négatif et une émotion assez sombre qui ne sont pas très porteurs dans les projets professionnels par exemple et surtout coté cœur. Si votre question concerne le devenir d'une relation, on pourrait imaginer qu'à l'heure actuelle, vous ne vous y sentez pas bien, trahi peut-être ? Dans le domaine financier, ce pourrait être de mauvaises nouvelles ou de mauvais chiffres que vous traînez avec vous alors qu'il faut sauver la face et peut-être ne rien dire et faire comme si tout allait bien.

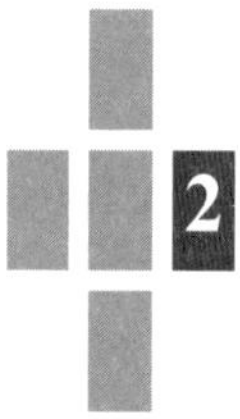

Avec cette carte en position des difficultés, tout ce qui concerne les apparences et les a priori doit être remis en question. La carte Trahison suggère en effet que bien des situations autour de vous, des éléments de votre quotidien ou des aspects de votre question ne sont pas ceux que vous pensez. Dans le registre professionnel, on supposera que la confiance que vous accordez peut être bafouée, dupée, de même que sur le plan amoureux, vous pourriez avoir quelques doutes sur les intentions de votre partenaire ou sur les promesses qu'il ou elle vous fait. Quel que soit le sujet de votre question et quelque soit la carte qui est sortie en première position, la carte Trahison vous invite à vous méfier des apparences, de ce qui est déclaré et prévu. Sans toutefois tomber dans la paranoïa ou le délire de persécution, vous devez voir ce que vous vivez avec beaucoup plus de lucidité et probablement ne compter que sur vous-même.

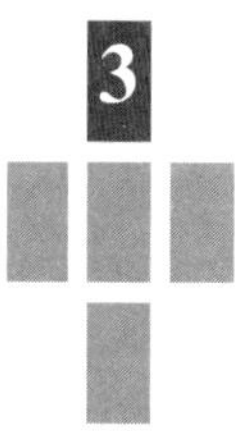

Voilà une bien curieuse carte dans la position du conseil. Signifie-t-elle que vous devez trahir vos promesses, ne pas tenir vos engagements et remettre en cause la confiance qu'on vous accorde par ailleurs ? Peut-être. Ou bien est-ce une méfiance absolue que l'on vous recommande d'avoir en raison d'un désaveu ou d'une désillusion dont vous risquez d'être la victime ? Peut-être aussi. Sur le registre sentimental, dans une relation amoureuse, cette carte peut suggérer l'apparition d'une tierce personne pour vous ou pour votre partenaire ? Dans le monde du travail, ce peut être l'indication d'un retournement de situation. Mais, dans ce cas, vous pourriez ne pas être étranger à cela et y avoir une part de responsabilité... Cette carte suggère en somme que, pour avancer vers le but que vous vous êtes fixé, vos actions peuvent être quelque peu mal perçues de la part de l'entourage bien-pensant ou se révéler tout simplement avec une contrepartie à payer plus tard…

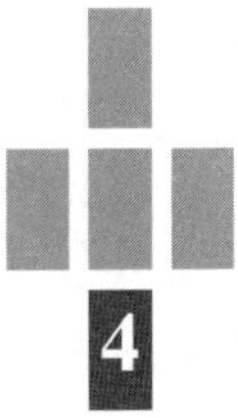

En réponse à votre question, il peut être normal que vous trouviez cette carte un peu énigmatique. Vous comprendrez toutefois qu'avec un nom pareil et le chat lugubre dessiné dessus, il ne faut pas s'attendre à une réponse très rassurante.

Cette carte vous prédit un climat de difficulté et d'épreuve. Par rapport à la question que vous avez posée, vous pourriez supposer que vos objectifs vont être trahis, remis en cause, vus autrement en raison sans doute de problème de confiance. Celle-ci peut être tout simplement une confiance en vous-même, excessive et enivrante qui vous a fait perdre de vue les véritables intérêts ou les valeurs qui sont les vôtres, vous étant en quelque sorte trahi. Mais ce sont peut-être de véritables déceptions liées à des tierces personnes que vous vivrez là où vous attendiez une loyauté sans faille, un engagement sans concession, un amour inconditionnel.

Cette carte forte qui survient en synthèse a de quoi refroidir celui qui tombe dessus car, si vous avez obtenu une réponse favorable à votre question, elle amène une pointe d'embarras sur l'avenir plus lointain. Des problèmes de confiance semblent survenir. Méfiez-vous si, professionnellement, vous vous lancez dans des associations par exemple. Même si celles-ci sortent positivement avec la carte-réponse, on vous annonce à terme, des désengagements inattendus… De même sur un plan amoureux où on comprend aisément de quoi il peut s'agir si vous vous lancez gaiement dans un mariage… Prudence et méfiance seront donc deux attitudes à avoir pour éviter, à terme, les mauvaises surprises.

N° 12 ▸ DÉPART

Description et sens général

La deuxième carte de la famille des cartes lunaires est bien moins lugubre que celle qui la précède, la première de la série, Trahison, mais sans doute plus énigmatique dans le sens qu'elle revêt et donc plus subtile à interpréter… À la base, que voyons-nous pour illustrer ce mot Départ ? Un groupe de dix oiseaux migrateurs prend son envol et quitte l'endroit où il se trouve : une zone de montagnes escarpées qu'on pourrait juger assez peu accueillantes si on s'en réfère à l'absence totale de végétation, de sentiers pédestres permettant de faire de jolies promenades en altitude, de point d'eau, de vue, de tout. C'est à se demander ce que ces oiseaux pouvaient bien trouver d'intéressant à cet endroit ? Peut-être rien, ce qui expliquerait le fait qu'ils s'en vont ! En ordre triangulaire comme tous bons oiseaux migrateurs, ils n'ont sans doute fait là qu'une petite halte avant de reprendre leur long voyage…

Et puis ce mot Départ suggère bien l'idée d'envol, de démarrage… Quelque chose de nouveau se met en place et plus rien ne sera jamais comme avant… Dans Départ, il y a bien sûr l'idée d'abandon, comme lorsque l'on quitte ceux que l'on aime parce que notre destin nous amène ailleurs. Il y a dans ce genre d'épisode une douleur affective et sentimentale que chacun peut connaître, liée au fait de quitter un endroit que l'on connaît bien, de quitter un rythme de vie, de faire ses adieux à certaines personnes… Partir pour ne revenir que bien plus tard – ou même jamais – après la réalisation d'événements majeurs qui ne pourraient se produire si on restait sur place…

Le symbole lunaire se retrouve complètement à travers ce cocktail d'émotion, mélange probable de tristesse et de nostalgie mêlées à l'espoir d'un autre destin, d'une vie meilleure, mais une vie dont on ne connaît rien encore et qui peut, chez certains, réveiller la peur de l'inconnu…

Mots-clés, synonymes, significations

Départ ➔ Envol, démarrage, nouvelle vie, nouveau projet entraînant un lot d'émotions liées à l'abandon, aux adieux. Une situation qu'on laisse avec peut-être de la nostalgie, mais aussi l'espoir de grandir et de voir arriver quelque chose de meilleur…

Dans un tirage en croix

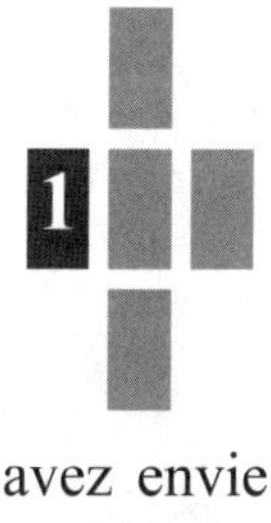

La carte Départ, par rapport à votre question, peut suggérer une terrible envie pour vous de partir sous d'autres cieux, au sens propre comme au figuré. Peut-être vous trouvez-vous mal là où vous êtes, dans ce que vous faites, dans la situation que vous vivez; on peut imaginer que vous avez envie d'aller ailleurs, de partir, de prendre votre envol comme le suggère cette carte… Dans une vie professionnelle salariée, elle pourrait représenter le désir de travailler pour soi uniquement, d'être autonome et d'aller là où on veut, de moins subir les choses. Dans le contexte d'une vie sentimentale bien établie, cette carte évoque une envie de liberté, un besoin de vivre différemment, de déménager, de renouveler un peu le rythme de vie devenu probablement lancinant et routinier…

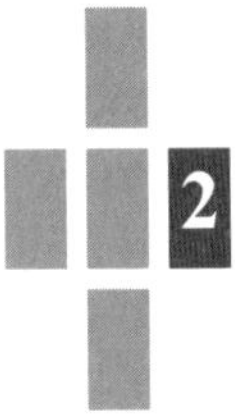

Cette carte Départ positionnée dans les difficultés évoque bien sûr les blocages liés au mouvement et au déplacement. Bouger, partir, déménager semble une chose difficile à mettre en œuvre avec cette carte placée à cet endroit. Si tel est le sujet de votre question, il faudra des cartes solides et efficaces dans les dernières positions pour la contrebalancer. Si votre problématique est sur un tout autre sujet, Départ pourrait néanmoins suggérer un manque d'imagination, un manque d'ouverture d'esprit, une ambition ou des aspirations pas assez développées. Ces oiseaux qui n'ont pas peur de quitter ce qu'ils connaissent pour s'installer sous d'autres cieux peuvent évoquer cette idée que vous devriez faire de même et élargir les horizons dans lesquels vous vivez…

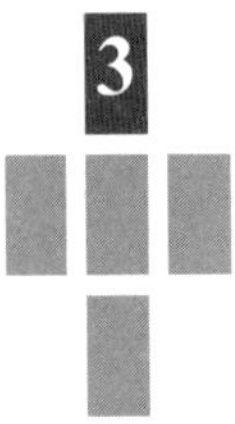

Avec la carte du Départ dans la position du conseil, on est tenté d'interpréter au premier degré et de vous suggérer de partir, de prendre votre envol, de hisser les voiles pour voguer loin, loin de l'endroit où vous vivez, loin des conceptions dans lesquelles vous demeurez structuré. Mais, si votre question ne concerne pas précisément un déménagement ou la perspective de quitter votre travail par exemple, cette carte invite au voyage au propre comme au figuré même si les destinations finales vous sont inconnues. En somme, il faut élargir votre esprit et voir toutes les possibilités qui s'offrent à vous, même celles qui pourraient nécessiter que vous abandonniez certains acquis, certaines personnes qui vous sont chères pour aller là où, précisément, vous redoutez de mettre les pieds…

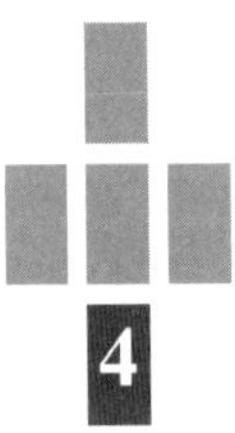

Cette carte en réponse peut semer le trouble et créer une certaine ambiguïté comme la plupart des cartes lunaires savent le faire. D'abord parce qu'elle évoque bien sûr le départ, l'envol, la perspective de nouveauté associée au fait de quitter ses acquis ; si votre question concerne la perspective d'un changement de vie : déménagement, nouveau travail, cette carte va globalement en faveur de la modification. Tant mieux si c'est ce que vous recherchez… Mais comme cette carte s'associe précisément aussi à l'idée d'abandon, à l'idée de ne pas conserver ce qui peut vous être cher, à lâcher vos espoirs, revoir vos projets, des sentiments et des émotions difficiles peuvent être vécus avec cette carte… Sacrifice et perte des points de repères peuvent survenir… C'est donc probablement la dernière carte qui donnera la tonalité finale à ce tirage en montrant comment vous gérerez ces modifications qui s'imposeront…

Avec la carte Départ qui s'impose en dernière position, on pourrait conclure en disant que, pour vous, tout se soldera à terme par un renouveau total, un redémarrage, un nouveau départ en quelque sorte qui ne sera pas sans sacrifices même minimes… Il vous faudra un peu de courage pour assumer les émotions qui jailliront à ce moment-là…

* * *

N° 13 ▸ INCONSTANCE

Description et sens général

Cette troisième carte lunaire est empreinte de légèreté et de superficialité. Avec un nom tel que Inconstance, comment voulez-vous qu'il en soit autrement ? Caractère de ce qui change souvent, se modifie régulièrement, l'inconstance serait plutôt un défaut si cela devait être un trait de caractère chez un individu. Car un être versatile est un être sur qui, finalement, on peut difficilement compter. Des problèmes de confiance seront donc souvent envisagés lorsque cette carte apparaîtra dans un tirage.

Concernant l'illustration faite par Edmond, nous voyons au premier plan une colline et une maison fortifiée, toutes deux assez solides pour subir les affres des intempéries. Ici ce n'est pas la pluie ni la neige, mais un simple vent, relativement important, représenté par un visage joufflu tout droit sorti d'un nuage qui expire de sa bouche un puissant courant d'air. Cette personnification du vent est courante dans les œuvres picturales de la Renaissance où l'on voit un visage d'ange mêlé aux nuages souffler avec force. Au niveau symbolique, sur tous les continents et à toutes les époques, les hommes ont vu dans le vent la manifestation de la volonté de Dieu. Ainsi les petites brises douces et agréables s'interprétaient comme des caresses et la « bonne humeur » du Créateur mais, lorsque survenait la tempête, il s'agissait bien alors de sa colère ! Mais ici le vent représente l'inconstance et l'immatérialité abstraite de ce qu'il est. Nous sommes dans une carte difficile à saisir, comme l'est précisément le vent qui ne s'attrape jamais, nous échappant sans cesse comme peut l'être une personne chargée du symbolisme de l'élément Air. En plus du symbole lunaire qui gouverne la carte, l'air représente les notions du dialogue, de la communication, de l'idéalisme. Mais attention à l'aspect éphémère qui donne ici tout le sens de la carte Inconstance.

Mots-clés, synonymes, significations

Inconstance ➔ Mouvements, changements mais rien de très organisé, fluctuations, turbulences, tout bouge mais rien de très précis, esprit changeant, versatile, dilettante et superficiel…

Dans un tirage en croix

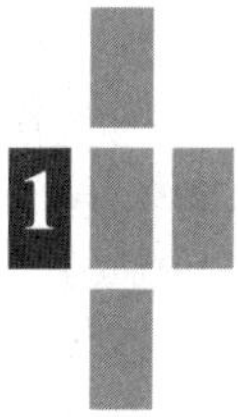

Inconstance qui apparaît dans la première position vous révèle sous les traits d'une personne qui semble hésiter et ne pas vraiment savoir ce qu'elle veut au fond. Vous apparaissez assez dynamique, mais il y a beaucoup de doute dans votre esprit qui laisse transparaître une nonchalance qui anesthésie plus ou moins votre véritable dynamisme et votre créativité. Vous manquez peut-être d'organisation, ce qui face à vos projets a tendance à vous ralentir et à vous faire perdre votre crédibilité. Veillez à ne pas passer pour quelqu'un de versatile, qui, au gré de ses humeurs, se lance dans de multiples directions qui ne mènent jamais bien loin. Néanmoins, vous semblez communicatif et doté d'un sens du dialogue et de l'échange… Mais cela sera-t-il suffisant ?

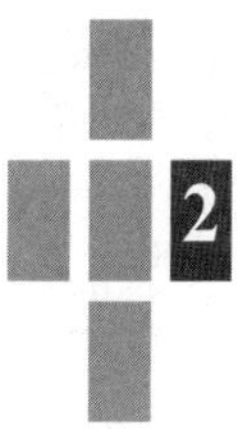

La carte Inconstance dans la position des obstacles révèle en premier lieu que vous êtes victime de vos humeurs et de votre versatilité. Vous apparaissez nerveux et très incertain dans tout ce que vous entreprenez : vous devrez impérativement vous responsabiliser davantage et organiser votre esprit trop dispersé actuellement. Par rapport à la question que vous posez, vous faites preuve d'une trop grande légèreté et ne semblez pas prendre les choses très au sérieux, ce qui est un tort. À votre décharge, cet état d'esprit un peu nonchalant vous est peut-être induit par les circonstances et les événements autour de vous, qui demeurent très indécis et manquent de clarté…

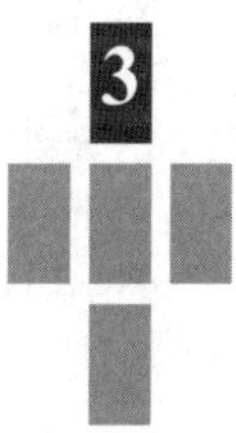

Avec la carte Inconstance dans la position du conseil, on vous suggère de ne pas vous engager rapidement dans des directions et des projets trop précis. Cette carte qui évoque l'instabilité et l'indécision davantage que la responsabilité et la maturité s'interprète comme un conseil de légèreté gentille et dynamique. Dans le registre affectif, ce peut être l'occasion de vous laisser aller à quelques passions frivoles, sans trop vous poser de question. Sur un plan professionnel, il faut être un peu touche-à-tout, ce qui peut, en fin de compte, vous permettre d'acquérir de nouvelles expériences ou de nouveaux savoir-faire. D'une façon générale, cette carte, plus nerveuse que véritablement créative, vous suggère d'éviter les plans et les tergiversations, il faut vous amuser et tant pis si on vous prend pour un dilettante…

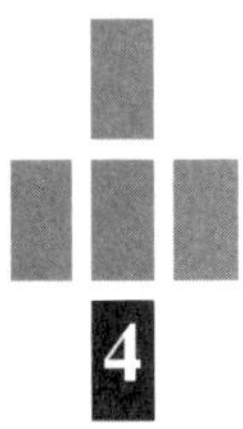

La carte Inconstance qui apparaît dans la réponse vous indique une situation finale pleine d'incertitudes et d'inconnues. Par rapport à votre question, vous n'arriverez pas à obtenir une issue très fiable et pleine de garantie. Au contraire, vous devrez faire face à des reconsidérations, des renégociations, des changements en tous sens qui amèneront un climat d'instabilité. Sur le plan professionnel, vous ne pourrez vous reposer sur les projets que vous mettez en place ou sur les promesses que l'on vous a tenues. Dans le registre amoureux, cette carte est annonciatrice de situations bousculées et versatiles : aucun projet cohérent ne saurait voir le jour. Enfin, si votre question concerne l'évolution générale d'un état de santé préoccupant, nous avons l'annonce, ici, d'une suite plutôt… inconstante. D'une façon générale, vous ne pouvez pas espérer une grande structuration des idées et des projets avec cette carte qui exprime les incessants changements, les revirements, les indécisions…

La carte Inconstance en position de synthèse amène un climat d'incertitudes et de changements inattendus dans l'avenir plus lointain. Quelle que soit la réponse obtenue, peu de situations vraiment fiables devraient se maintenir dans le temps. Cette carte annonce donc qu'il y aura un climat fait de nouvelles idées, de nouvelles envies qui pourraient finalement vous éloigner de vos projets initiaux, vous amener à revoir le sujet même de votre question.

* * *

N°: 14 ▸ DÉCOUVERTE

Description et sens général

Voilà une carte qui, dans la série un peu ambivalente des cartes lunaires, apporte une notion de curiosité et d'intérêt inattendu. Probablement parce que la notion de découverte est précisément liée à l'idée de prendre connaissance de quelque chose qui nous était inconnu jusqu'alors, amenant nécessairement la surprise et l'excitation qui va avec. Dans le langage courant, le terme « découverte » fait souvent référence à la science et aux grandes évolutions scientifiques et techniques qui ont bouleversé le monde. Comment ne pas penser en effet à la découverte de l'Amérique qui révolutionna toute l'organisation géopolitique de la fin du XVe siècle ou à la découverte de la pénicilline par Alexander Flemming en 1928, qui amena une incroyable innovation dans le traitement des bactéries et microbes. On pourrait citer comme cela des milliers d'autres exemples, des centaines de découvertes qui ont ainsi modifié et amélioré la vie des Hommes. Mais ne négligeons pas néanmoins le revers que toute découverte peut avoir : celle de l'Amérique fut suivie de dizaines d'années de colonisation amenant des massacres et un cortège d'oppressions qui ont décimé les populations autochtones, les nombreuses théories d'Einstein ont aussi amené, malgré lui, l'arme nucléaire… Souvenons-nous donc que toute découverte peut avoir un pendant défavorable.

Dans le dessin d'Edmond, se trouve au centre de l'image un objet qui précisément amena de nombreuses découvertes et progrès astronomiques. Il s'agit d'une longue-vue, ancêtre du télescope, inventée en 1608 par Hans Lippershey en Hollande. Cet objet, initialement utilisé par les militaires, permit en fait, dès l'année suivante, au célèbre Galilée d'entamer ses observations du ciel et de découvrir les cratères de la Lune, les satellites de Jupiter et d'adhérer aux idées de Copernic selon lesquelles tout tournait autour du Soleil et non autour de la Terre. On le voit, dans cette image, la longue-vue pointée sur une étoile fait précisément référence aux découvertes de Galilée. On comprendra pourquoi cet instrument optique, en permettant de voir correctement un objet ou un sujet éloigné, que l'on ne verrait pas normalement, symbolise à merveille la notion de découverte. Sur la carte, nous voyons d'autres objets, ceux-là même que l'on imaginerait pouvoir trouver dans le laboratoire de l'astronome : un livre ouvert et un livre fermé qui symbolisent tous deux la connaissance, un parchemin sur lequel sont tracées une étoile et une croix cerclée. Il y a enfin une chouette qui représente à la fois la sagesse et la clairvoyance ; elle est cette part d'intuition mystérieuse que l'on imagine habiter tous ces grands précurseurs, ceux-là, qui *par hasard*, un jour, ont mis l'œil ou le doigt là où il fallait pour apporter un changement au monde…

Mots-clés, synonymes, significations

Découverte ➔ trouvaille, recherche qui aboutit, le fait d'apprendre quelque chose de nouveau de caché, étudier, espionner, etc.

Dans un tirage en croix

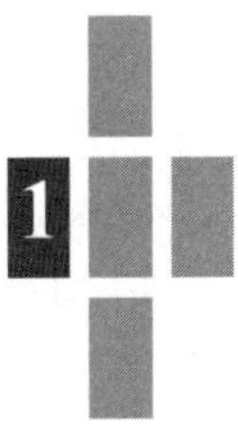

La carte Découverte qui vous représente suggère que vous possédez un esprit de curiosité et une certaine malice. On vous imagine volontiers suffisamment intuitif et dégourdi pour trouver les éléments qu'il vous manque pour réaliser vos projets ou découvrir les solutions, qui pour l'instant vous échappent. Vous êtes une personne relativement dynamique, sachant allier sa sensibilité et son intelligence pour réfléchir et avancer. Sur le registre professionnel, on verra donc que vous possédez de bons atouts pour aller de l'avant et créer de nouvelles opportunités dans votre carrière. D'une façon générale, sur le plan social et sentimental on vous percevra comme une personne attachante, tolérante, créative, qui s'intéresse aux autres, etc.

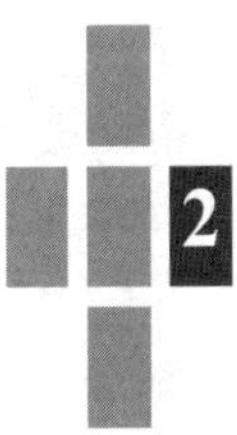

Dans la position des obstacles, la carte Découverte suggère qu'il y a beaucoup d'aspects de votre question qui vous échappent et vous demeurent inconnus. Vous ne maîtrisez manifestement pas tous les paramètres qui sont en jeu, vous n'avez pas connaissance de tout ce qui se trame autour de vous. Concrètement, si votre question concerne le devenir sentimental d'une relation en cours, on pourrait penser qu'il plane sur celle-ci de nombreuses zones d'ombre qui mériteraient qu'on s'y intéresse. En clair, vous et votre partenaire n'êtes pas autant sur la même longueur d'onde que vous le croyez. De même, concernant une situation professionnelle délicate, cette carte suggère qu'il faut approfondir et peut-être même enquêter sur ce qui se déroule à votre insu. Il ne faut surtout pas prendre les choses à la légère, mais faire preuve d'une certaine curiosité. Cherchez bien car il vous manque une carte en main, voyez quel conseil vous est donné en retournant la troisième carte.

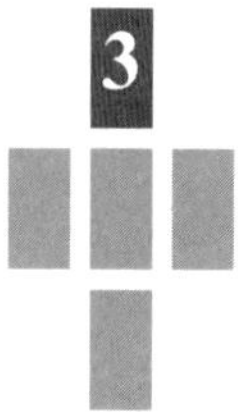

La carte Découverte en position de conseil vous suggère, par rapport à votre question, d'effectuer quelques recherches pour prendre connaissance de tous les éléments que vous ne connaissez pas encore. La présence de cette carte, à cet endroit, montre que des zones d'ombre subsistent dans votre projet ou dans la problématique de votre question, ce qui nécessite une ou plusieurs « découvertes » de votre part. Faites donc travailler vos méninges pour réfléchir et élaborer des stratégies, tout en écoutant votre intuition et les différents feelings que vous pourriez avoir. Vous pouvez, de cette manière, acquérir de nombreuses informations nouvelles ou de nouveaux savoir-faire ainsi que des connaissances si vous veniez à appliquer cette carte en suivant une formation par exemple. Ce serait là une excellente idée pour faire valoir un nouveau statut dans votre carrière par exemple…

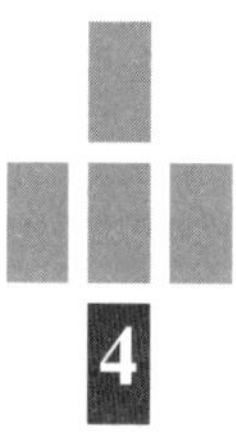

La carte Découverte, en réponse, montre une issue à votre question tout à fait intéressante et favorable s'il s'agit pour vous d'acquérir des connaissances ou de prendre conscience d'éléments que vous ignoriez. D'une façon générale, cette carte est inspirée par quelques élans de nouveauté, marqués par les recherches du consultant et l'utilisation probable de son intuition. Concrètement, sur un plan professionnel, cette carte peut montrer de l'évolution liée à des prospectives personnelles, des nouvelles rencontres, une formation ou un cycle d'étude. Dans le registre affectif, il peut s'agir d'une meilleure entente, de la mise en place de nouvelles relations. Globalement, c'est une carte qui amène de l'éclaircissement partout où les choses demeuraient embrumées. Vous devriez mieux savoir dans quelles directions vous diriger, mieux maîtriser ce qui se passe pour vous et autour de vous…

Dans cette toute dernière position, la carte Découverte montre une évolution de l’avenir plus lointain marqué par la prise de conscience et l’apprentissage de données qui vous échappent encore. De nouvelles dispositions, projets ou envies verront le jour dans votre esprit et globalement en vous grâce à cette carte qui éclaire les zones d’ombre et permet de mieux comprendre ce qui se passe ou ce qui se passera…

* * *

N° 15 ▸ L’EAU

Description et sens général

Voici une carte dont la signification est très développée si on ne considère que le nom : l’Eau, élément symbolique qui pourrait remplir des dizaines de livres rien que sur ce sujet. Tout un mythe, toute une légende donc pour cette « substance » qui est un élément de base indispensable à la vie. Car effectivement, sans elle, aucune vie n’est possible, du moins telle que nous la connaissons sur le plan scientifique. On sait que sur Terre, c'est dans les océans que celle-ci est apparue ; l'eau est le liquide nourricier de toute chose biologique y compris l'être humain qui se forme dans le ventre de la mère baigné, par le liquide amniotique. Pour les hommes de l'antiquité, l'eau avait une importance fondamentale puisqu'elle était considérée comme l'un des quatre constituants de l'univers avec le feu, la terre et l'air. L'eau ayant la particularité de représenter l'aspect sensible de toute chose, maternel, émotif et affectif, l'Eau se retrouve ainsi souvent cataloguée comme la représentation pure et dure de l'amour et des émotions quelles qu'elles soient. Mais l'eau peut aussi s'associer à la noyade et aux torrents dangereux ; l'épisode du Déluge a anéanti toute forme de vie terrestre pour faire place à un nouveau cycle, ne l'oublions pas.

Si on considère l'image qu'Edmond a choisi de dessiner pour illustrer l'Eau, on ne s'étonne pas d'avoir au premier plan une étendue qui semble bien être la mer. Mais il s'agit probablement d'un océan et un océan plutôt agité si on remarque la proue du bateau qui y vogue, largement au-dessus de la ligne de flottaison. L'étendard au sommet du mât figure aussi qu'un vent fort doit souffler, ce qui explique cette mer pleine de vagues. L'Eau est donc une carte dynamique, mais mouvementée à l'image de cette embarcation pas bien grande, chahutée par un gros temps qui s'annonce. Alors que faut-il penser de cette carte qui, de prime abord, fait penser au voyage ? Certes, il y a bien la notion de déplacement puisque le bateau est un moyen de transport. Toutefois, c'est un moyen d'avancer bien lent qui amène dans le cas précis, au milieu de cette agitation océanique, bien des incertitudes et des angoisses. Vous ne savez pas quoi penser de cette carte ? Alors, imaginez-vous, au XIXe siècle, sur un voilier, traversant l'Atlantique pour gagner les Amériques et quand vous aurez attrapé le mal de mer, ou le scorbut, on en reparlera !

Mots-clés, synonymes, significations

L'Eau ➔ les turpitudes de la vie, les mouvements perpétuels de l'existence qui amène toutes sortes d'émotions, les sentiments de flous et d'incertitudes, le malaise, les humeurs changeantes, les déplacements laborieux, les angoisses pas vraiment justifiées, les états de fébrilité.

Dans un tirage en croix

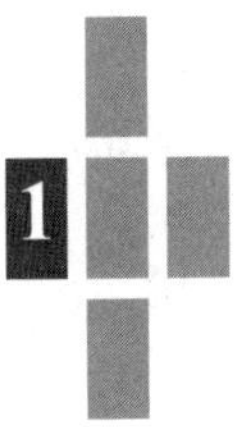

Si l'Eau vous représente face à votre question, on peut imaginer que vous vous trouvez dans un état de doute et d'incertitude. Certaines angoisses vous assaillent et de nombreuses questions se posent à votre esprit sans vraiment trouver de réponses. D'ailleurs, il se peut que cela ne soit qu'une vaste agitation pas vraiment constructive. En somme, vous perdez de l'énergie, du temps et peut-être aussi de l'argent en vous laissant aller à des vagues à l'âme et à toutes sortes de considérations émotionnelles ou sentimentales qui n'apportent rien de bien intéressant à votre problématique. Faites un peu de tri dans votre esprit compliqué et voyez ce que les cartes suivantes vont vous raconter.

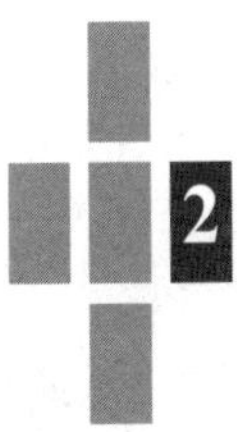

En position 2, l'Eau révèle une hypersensibilité de votre part qui peut manifestement poser problème face à votre question. À fleur de peau, nerveux, ou bien émotionnellement fragile, vous semblez agité par moult interrogations et tergiversations qui anesthésient votre énergie créatrice. Vous devez vous ressaisir intérieurement, faire preuve d'un peu plus de maturité et d'esprit critique, cesser de laisser aller votre sensibilité et vos susceptibilités. Cette carte évoque aussi les zones d'ombre que vous traversez laborieusement dans votre vie sentimentale ou professionnelle. Quel que soit le thème de votre question, il semble que bien des choses vous échappent ; il serait bon d'éclaircir un peu ce qui se passe autour de vous, histoire de les maîtriser davantage…

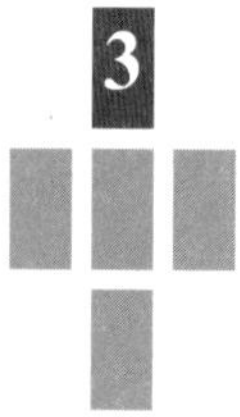

L'Eau comme carte de conseil peut évoquer bien des choses. S'agissant d'un bateau qui, contre vents et marées, avance sur une mer houleuse, elle peut vous indiquer de persévérer de la même manière face aux problèmes que vous rencontrez, même si vous avez le sentiment que cela ne change rien. Ce bateau qui se déplace pour le moins lentement et laborieusement peut également figurer l'idée qu'il faut, vous aussi, bouger. Par rapport à votre question, peut-être que vous pourriez changer de point de vue, tenter de voir le problème différemment, sans nécessairement tout bouleverser mais en modifiant tout de même quelques aspects. Enfin cette carte Eau qui représente aussi le monde de la sensibilité vous propose d'être un peu plus souple, plus réceptif aux autres, plus humain sans tomber dans la sensiblerie ou dans une passivité paresseuse…

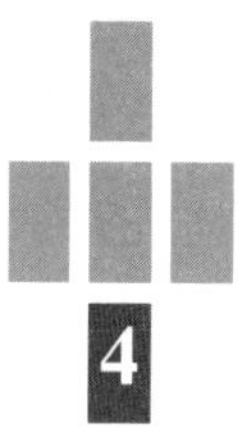

L'Eau en réponse est une carte qui n'inspire pas souvent la grande joie et le déferlement de bonne humeur. Sauf si votre question concerne la perspective d'un voyage ou d'un déplacement, ce qui, dans ce cas, est plutôt favorable et affirmatif, cette carte ne révèle rien de bien transcendant. En effet, l'Eau représente les flottements, les incertitudes houleuses souvent liées à une sensibilité exacerbée. Si votre question concerne l'amélioration d'une vie de couple par exemple, on conclura que celle-ci ne se dégradera pas, ni ne s'embellira, mais connaîtra une stagnation propre à reporter à plus tard les vraies questions et remises en causes susceptibles de faire avancer les choses. Sur un plan professionnel, c'est un peu la même histoire avec l'idée que rien ne bouge vraiment sinon l'emploi de mesurettes qui, comme en politique, ne résolvent jamais rien…

En position de synthèse, cette carte vient un peu ternir l'ensemble du tirage surtout si celui-ci vous donnait une réponse favorable. Ne vous inquiétez pas, elle ne remet pas tout en question et apporte juste une note de flou et d'incertitude sur l'avenir plus lointain. Sur le plan professionnel, malgré l'obtention d'une promotion, vous pourriez plus ou moins continuer à douter de vous ou à douter des bonnes intentions de ceux qui vous ont décoré par exemple. Sur un plan amoureux, si on vous a annoncé une prochaine rencontre amoureuse, vous pourriez conclure que celle-ci sèmera en vous quelques doutes ; la sérénité ne sera pas nécessairement au rendez-vous malgré les bonnes nouvelles obtenues…

* * *

N° 16 ▸ LES PÉNATES

Description et sens général

Durant l'antiquité, les Pénates étaient les divinités romaines du foyer. On trouvait leurs statues à l'intérieur des villas bourgeoises et aujourd'hui il nous reste l'expression « gagner ses pénates » qui signifie aller chez soi. Cette carte est en relation avec la maison et tout ce qui s'y rattache : la famille, les proches, le logement, les gens qui y habitent, le refuge dans lequel on se ressource, etc.

Et pour l'illustrer, Edmond a dessiné une tour au sommet d'une colline verte, sur laquelle se distinguent aussi deux fleurs. C'est donc une ambiance bucolique et verdoyante qui s'impose autour de cette fière construction qui évoque la solidité et la protection. Car point de frêle bâtisse sur cette carte, mais un édifice droit et dur de type forteresse, en pierre de taille, crénelé comme pour permettre une bonne défense en cas d'attaque. Manifestement, les personnes qui vivent là doivent se sentir en sécurité !

Mots-clés, synonymes, significations

Les Pénates ➔ l'habitation, le foyer, la famille, le lieu dans lequel on se ressource, on se retrouve, le point de ralliement, le point d'ancrage, les fondements de soi et de ses projets, les constructions, les acquis du passé…

Dans un tirage en croix

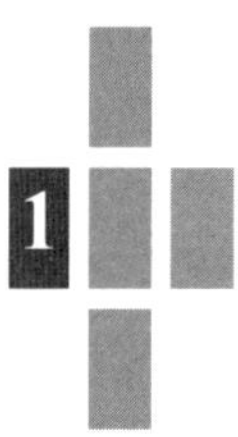

Les Pénates qui représentent votre situation de départ évoquent une certaine assise, une stabilité confortable face à votre question. Si celle-ci concerne l'évolution d'un job, on peut supposer que vous bénéficiez actuellement d'une structure stable, relativement plaisante même si celle-ci peut paraître un peu routinière. De même si votre question concerne l'évolution d'une vie de couple, on pourrait imaginer que celle-ci est assez équilibrée, peut-être déjà bien installée. Les Pénates font écho à ce que vous avez construit dans le passé et qui constitue une base de travail solide pour les différents projets que vous avez en cours. S'il s'agit pour vous de résoudre un problème familial ou financier, cette carte suggère que vous avez l'expérience et probablement certains acquis qui vous permettront d'atteindre vos objectifs.

Toutefois, vous devrez vous montrer vigilant pour ne pas glisser de ce confort stable à l'inertie ou à la paresse… Bénéficier d'acquis ne légitime pas de ne rien faire…

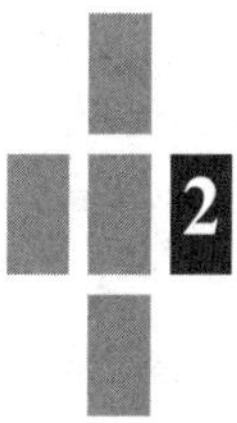

En position 2, les Pénates sont ce qui vous bloque, ce qui vous pose problème. Avec cette carte, il s'agit de la stabilité, de l'équilibre de vos acquis et peut-être précisément de votre foyer. En somme, nous découvrons ici que le confort dans lequel vous vivez, les habitudes que vous avez prises, les points de repère qui sont dans votre vie depuis des années sont susceptibles de vous bloquer, de vous empêcher d'avancer concrètement. Sur un plan professionnel, il ne faudrait pas vous encroûter dans des responsabilités et dans un milieu que vous connaissez bien et, au contraire, oser se diriger vers un peu plus de nouveauté. Dans une relation amoureuse, on vous demandera un peu plus de fantaisie, un peu plus d'inattendu… Ne vous accrochez pas aux acquis, ne restez pas enfermé chez vous et montrez-vous un peu plus audacieux…

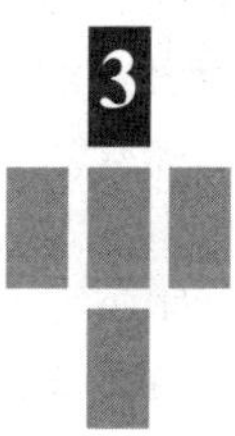

Cette carte en conseil vous demande de vous structurer et d'établir très sérieusement de la stabilité. Dans une relation sentimentale, il s'agirait clairement d'envisager une vie de couple, un emménagement ensemble. Il n'est pas du tout question de partir à l'aventure, de changer d'avis, d'aller dans toutes les directions à la fois, mais de vous poser, de vous établir. Sur le plan du travail, c'est par exemple accepter ce qui vous paraît être une routine alors que vous mourez d'envie de déguerpir, de faire fructifier votre expérience et votre ancienneté plutôt que de tout bousculer une nouvelle fois…

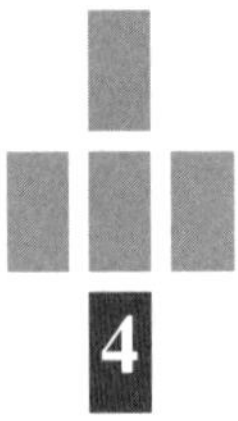

Les Pénates en réponse prédisent l'arrivée d'une stabilité et d'une structure. Si votre question concerne la mise en place possible d'un projet professionnel, on peut conclure que vous arriverez à asseoir quelque chose, au moins les éléments principaux de toutes vos idées. Sur un plan amoureux, c'est l'idée d'une mise en commun par une vie couple et d'une vie de famille tranquille qui suit son cours. Si tels sont vos projets, alors cette carte est une réponse bénéfique, mais il est vrai que celles et ceux qui attendent quelque chose de dynamique, de changeant, de passionné dans leur vie, par rapport à la question qu'ils posent, risquent de sortir déçus de ce tirage dans la mesure où les Pénates n'amènent rien de bien extraordinaire, rien de bien imprévisible ou de très original…

En position de synthèse, les Pénates apportent un espoir de stabilité et de structure sur le long terme. Si votre question concerne la perspective d'établir quelque chose, on peut supposer que cette carte est un bon espoir pour y parvenir sur du plus long terme. Bien entendu, si la carte de réponse va déjà dans ce sens, alors les Pénates sont la cerise sur le gâteau ! Si vous n'avez pas obtenu une prédiction très favorable et quelque soit la question, on peut supposer qu'à terme, peu de choses en réalité vont vraiment changer, préférant sans doute un équilibre bien connu et structuré plutôt que des bouleversements généraux ou fantaisistes !

* * *

N° 17 ▸ MALADIE

Description et sens général

Voilà encore une carte qui n'inspire pas les folles réjouissances quand on la voit surgir au milieu d'autres dans un tirage. Elle fait partie de ces cartes qui inquiètent, qui évoquent instantanément la souffrance et l'affliction, semant le doute et l'inquiétude dans l'esprit du consultant qui soudain s'imagine atteint d'une maladie incurable… Bien sûr, cette carte peut suggérer ce genre d'embarras mais Maladie n'est pas systématiquement affreusement funeste. Aujourd'hui, certains médecins plutôt avant-gardistes avancent l'hypothèse que la maladie n'est pas quelque chose d'extérieur qui s'abat sur un individu, mais la manifestation, dans son corps, d'un dysfonctionnement interne, psychologique, moral ou spirituel, de quelque chose que l'esprit n'arrive pas à exprimer, trouvant alors son exutoire dans le corps proprement dit. Maladie ou mal à dire ? Cette vision différente amène à penser que la maladie est une manifestation du corps qui se libère de tensions internes, d'émotions refoulées, de lourdeurs psychologiques devenues trop difficiles à porter… La maladie est-elle un mal physique pour un bien spirituel plus subtil à saisir ? Point de vue discutable et pas facile à intégrer surtout du point de vue du malade qui devrait alors décoder, pour mieux guérir, ce qui ne va pas en lui et qui s'exprime, quasi symboliquement, par le déséquilibre d'un organe précis ou d'une zone de son corps...

Deux points de vue que l'on retrouve sur l'image puisqu'Edmond a dessiné deux animaux : le crapaud et l'aigle. Le premier dont la valeur symbolique est assez négative en raison de son aspect et de son cadre de vie, représente la maladie alors même qu'il semble terrassé par un aigle royal, les ailes majestueusement déployées. L'aigle qui croule sous un grand nombre d'interprétations symboliques positives représente le remède, l'intervention positive qui rééquilibre, soulage et solutionne...

Mots-clés, synonymes, significations

Maladie ➔ Déséquilibre, désagrément, dysfonctionnement, malaise, dépression, convalescence.

Dans un tirage en croix

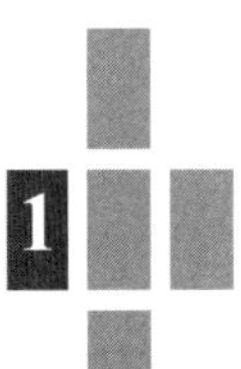

Cette carte qui apparaît dans la première position a de quoi faire parler car elle suggère, en premier lieu, que vos projets et intentions sont motivés par un malaise que vous ressentez actuellement. Sur un plan professionnel par exemple, vous vous sentez peut-être de moins en moins à votre place, de moins en moins compris sans avoir la possibilité de vraiment réagir. Vous subissez bien plus que vous n'entreprenez et c'est probablement en suivant votre instinct que vous trouverez quelques solutions. Dans un registre sentimental, cette carte évoque un type de relation pataude et pas toujours équilibrée. Un manque de communication, des difficultés pratiques, des incompatibilités de caractère en sont peut-être la cause. Quoi qu'il en soit, il y a dans votre situation présente pas mal de choses à éclaircir : vos désirs dans votre problématique ne sont peut-être pas aussi sains ou aussi féconds que vous le pensez…

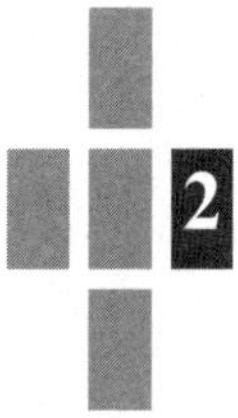

La Maladie dans la position 2 représente ce qui joue contre vous, par rapport à votre question. Ici il y a de quoi s'inquiéter un peu, car cette carte lunaire suggère que ce sont sans doute pas mal d'incohérences, de déséquilibres, de dysfonctionnement, qui vous touchent profondément et qui vous empêchent d'aller là où vous le désirez. D'abord, ce sont peut-être vos propres incertitudes, vos propres angoisses, qui mal dissimulées ou mal maîtrisées, vous font perdre la confiance et l'estime des autres, celles-là même qui seraient nécessaires pour avancer… À moins que vous ne soyez, tout simplement, pas vraiment motivé par ce qui vous pose précisément question, pas suffisamment impliqué ou pas autant que ce que vous laissez paraître. Quoi qu'il en soit et quel que soit le sujet de votre question, cette carte révèle un malaise en vous, une passivité de votre part probablement liée à l'aspect affectif et émotionnel puisqu'il s'agit d'une carte lunaire. D'ores et déjà, on a envie de vous conseiller de vous ressaisir et aussi peut-être de voir, en fonction du reste du tirage, si le sujet de la question que vous posez en vaut vraiment la peine…

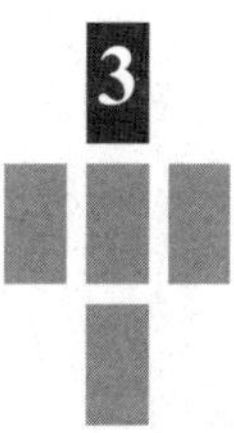

Rassurez-vous, malgré le nom qu'elle porte, cette carte en position de conseil, ne vous suggère pas d'ingérer une viande avariée ou un tube de barbituriques pour tomber malade et toucher des indemnités ou une pension ! Dans le monde des arts divinatoires, les cartes et les symboles utilisés doivent toujours se saisir de façon subtile et non au premier degré. Ici il s'agit d'une carte lunaire empreinte de passivité, d'émotivité et de réflexion sur soi. Il faut comprendre avec cette carte que l'on vous déconseille de foncer tête baissée, mais de plutôt prendre votre temps en toute chose comme vous le feriez si vous étiez un peu convalescent. La réflexion et la maturation sont donc à l'ordre du jour ; il peut être bon de douter de ce qui vous semble sûr et certain. Recul et patience seront vos meilleurs alliés.

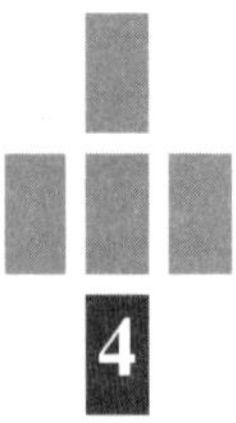

La Maladie en réponse se révélera déconcertante aux yeux de celui qui ne l'interprète qu'au premier degré. Cette carte ne vous prédit pas nécessairement une maladie grave, mais il est certain qu'elle montre des dysfonctionnements à venir. Pour un projet professionnel très précis, on peut supposer qu'il ne se déroulera pas comme vous l'entendez et qu'il faudra faire preuve d'ouverture d'esprit pour entendre la critique et les solutions « de rechange ». Cette carte lunaire un peu obscure fait bien plus écho à la passivité de la réflexion ou de la maturation qu'à l'action proprement dite. Dans le registre de la vie amoureuse, si votre question concerne l'avenir d'une liaison récente, on imaginera qu'il ne se passera sans doute pas grand-chose de plus…

La Maladie en position de synthèse révèle quelques désagréments sur l'avenir plus lointain. Ce ne seront pas précisément des événements funestes très difficiles à vivre, mais sûrement plus des situations émotionnelles ou affectives créant le doute et l'incertitude dans vos projets d'alors. Peut-être que vous ne pourrez pas tout maîtriser comme vous l'espérez et que, dans ce lâcher-prise obligatoire, vous serez pris de quelques angoisses…

LA SÉRIE MERCURIENNE

CARTES 18 À 24

Mercure d'un point de vue astronomique

Mercure est la première planète du système solaire, ce qui signifie qu'elle est la plus proche du Soleil à « seulement » 43 millions de kilomètres contre 150 millions pour la Terre. Ainsi, vu de sa surface, le Soleil apparaît quasiment trois fois et demi plus gros que depuis la surface de la Terre. Cela permet d'imaginer les températures infernales qui y règnent à plus de 400°C pendant la durée du jour qui dure là-bas… 176 jours terrestres ! Drôle de rythme qui s'explique par la courte révolution de la planète autour du Soleil, 88 jours seulement et le fait que Mercure tourne sur lui-même en 58,65 jours. Cette lente rotation expose donc au Soleil le même hémisphère pendant très longtemps, créant des périodes diurnes et nocturnes très longues et des amplitudes thermiques de plus de 500°C entre la nuit et le jour. À part un léger voile d'hélium en guise d'atmosphère, rien ne protège Mercure des terribles rayonnements solaires mais surtout des météorites qui ont criblé sa surface, la faisant ressembler à la Lune. Petite planète d'un diamètre de 4800 kilomètres, Mercure se voit malgré tout très bien à l'œil nu et fut repéré dès l'antiquité. Sa proximité avec le soleil explique qu'on ne puisse le distinguer qu'à l'aube ou au crépuscule.

Mercure d'un point de vue symbolique

Mercure est le dieu antique du commerce, du négoce et des affaires. Il est la version romaine du dieu grec Hermès, souvent représenté avec une paire d'ailes, symbolisant son rôle de messager des dieux, qui doit se déplacer rapidement. Il tient à la main le caducée, ce bâton caractéristique autour duquel s'enlacent deux serpents, symbole aujourd'hui de la pharmacie.

Dieu qui se déplace, dieu malin qui sait faire des profits, Mercure tire son nom de l'expression latine *mercari* qui signifie littéralement *faire du commerce*. Possédant la même étymologie, on retrouve également le mot familier *marché*.

Dans l'Oracle de Belline, la série des cartes mercuriennes possède toutes ces caractéristiques de dynamisme, rapidité, sens du mouvement, sens des affaires, intelligence et créativité. Dans le thème astrologique d'une personne, lorsque l'on étudie la position occupée par Mercure, on obtient des informations tout à fait intéressantes sur la manière de penser, de réfléchir, de créer, de s'adapter, de se mouvoir…

N° 18 ▸ CHANGEMENT

Description et sens général

La première carte mercurienne s'intitule Changement. Une carte qui donne le ton sous l'égide de cette planète Mercure qui évoque à la fois les déplacements, la communication et tout ce qui se rapporte aux mouvements dans la vie. Ainsi nous penserons aux mutations, aux modifications, aux remplacements, à tout ce qui est source d'évolution dans ce que nous vivons. Pour illustrer ce mot, Edmond a représenté un événement astronomique particulier qui, à toutes les époques, sur tous les continents et dans toutes les cultures, a été associé au présage heureux ou malheureux d'importants changements dans la destinée humaine : il s'agit d'une éclipse de soleil. En effet, nous voyons, alignés sur le même axe, le Soleil et la Terre partiellement dans l'ombre de la lune située au milieu. Dans les cultures anciennes, la disparition temporaire du Soleil a toujours été perçue comme un événement angoissant, annonciateur de changements, le plus souvent par une catastrophe. Cela a-t-il vraiment changé si on se souvient que pour l'éclipse du 11 août 1999, le couturier Paco Rabanne nous annonçait la chute sur Paris de la station Mir…

Mots-clés, synonymes, significations

Changement ➔ modification, mutation, transformation, évolution, etc.

Dans un tirage en croix

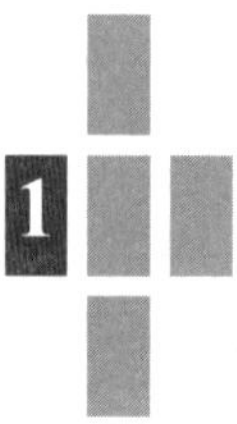

En première position, cette carte suggère que votre question est motivée par un changement ou une volonté de changement. Vous avez probablement envie de mouvement ou de transformer votre actualité. Un déménagement, une mutation professionnelle, un renouveau dans le travail ou dans la vie amoureuse sont peut-être vos objectifs. Quoi qu'il en soit, vous ressortez également comme une personne adaptable, enthousiaste et ayant le désir de changer certains aspects de votre vie. La routine ne peut vous satisfaire davantage, le quotidien s'impose comme un fardeau : vous avez besoin de nouveauté et de mouvement.

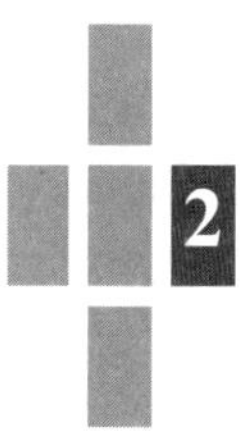

La carte Changement qui apparaît dans la position des difficultés et blocages peut suggérer un manque d'adaptabilité de votre part ou, au contraire, une grande versatilité. La notion de changement dans votre vie et par rapport à votre question est de toute façon ce qui pose problème. Ainsi, on peut supposer qu'il sera difficile d'envisager un mouvement, un déménagement ou une mutation si tels sont vos désirs. On pourra également penser que vous manquez de cohérence dans vos objectifs qui sont peut-être précisément un peu trop changeants ! Vous devez donc vous interroger sur ce qu'est pour vous le changement et évoluer sur ce point. S'il s'avère qu'il est pour vous un besoin constant et obsessionnel, il faut modérer vos impulsions de tout bousculer. Si, au contraire, c'est un changement qui est au centre de vos interrogations, il faut croire malheureusement que celui-ci est bloqué et mis en délai…

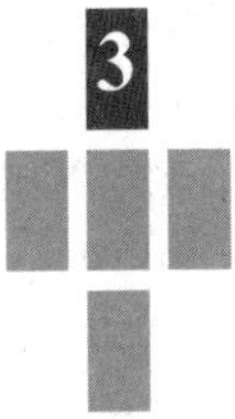

La carte Changement en conseil suggère, bien sûr, de voir comment vous pouvez faire évoluer la situation que vous traversez. Probablement en stoppant une attitude ou une action entreprise pour en adopter une autre. Par rapport à votre question, vous devez vous montrer extrêmement flexible et adaptable, car on vous demande en quelque sorte de faire quelque chose de nouveau. Si votre question concerne la perspective d'une mutation professionnelle par exemple ou un déménagement, il faut évidemment voir dans cette carte un pronostic favorable, car changer est précisément la résolution à adopter. Sur le plan de la vie sentimentale, cette carte suggère de trouver un nouveau rythme de vie, une nouvelle organisation si vous êtes déjà en couple. Pour les consultants qui cherchent l'âme sœur, le conseil donné ici est celui de transformer certaines attitudes, certaines idées à moins que ce ne soit celui de changer physiquement en adoptant un nouveau style vestimentaire, une nouvelle coiffure par exemple…

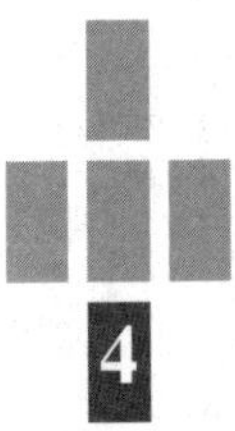

La carte Changement en réponse n'annonce pas grand-chose d'autre qu'un changement. Si l'objet de votre question consiste à savoir si vous changerez de travail par exemple, de domicile ou de rythme de vie, cette carte répond de façon tout à fait positive. Si au contraire, vous craignez de devoir quitter votre poste auquel vous vous accrochez comme à une bouée de sauvetage, il faut craindre que toutes vos capacités d'adaptation soient nécessaires pour affronter de nouvelles situations. D'une façon générale, Changement annonce le mouvement, le déplacement, l'innovation. C'est une carte dynamique qui doit permettre de faire avancer les choses et de les voir autrement notamment si vous trouvez qu'elles ont suffisamment stagné.

Changement en synthèse annonce un futur lointain sous l'angle de la nouveauté et de quelques transformations. En fonction de ce que le reste du tirage vous a révélé, vous pourrez conclure que cela vous amènera à une mutation professionnelle par exemple, une nouveauté affective ou une manière d'être que vous ne connaissez pas encore. À moins que cela ne soit un changement de région ou un changement d'objectif par rapport à la question que vous avez initialement posée. Quoi qu'il en soit, à long terme, cette carte vous promet du rythme, du mouvement et quelques événements nouveaux susceptibles de vous faire changer de points de vue…

* * *

N° 19 ▸ ARGENT

Description et sens général

Faut-il vraiment faire une description détaillée de cette carte au nom et à l'image aussi évocateurs ? Une corne d'abondance emplie de pièces de monnaie argentées se déverse droit devant nous, au premier plan. Elle est évidemment très remplie et illustre les thématiques synonymiques de la richesse, du foisonnement, de l'opulence. L'impression de pouvoir se servir à volonté sans atteindre le capital est réelle… Quelques sous en moins, pensez-vous que cela se verra ?

Depuis les âges anciens, la corne est associée à une forme de pouvoir, car les animaux qui en sont pourvus se trouvent être des bêtes puissantes, dangereuses et, le plus souvent, des mâles. Dans l'antiquité, on s'en servait comme de récipients, généralement cultuels ou bien festifs. Plus tard, des représentations iconographiques ont montré des cornes ainsi remplies de richesses, de bijoux, de pierres précieuses…

Ici, avec cette carte, nous sommes dans la thématique matérielle. L'argent est ce qui représente les ressources, les biens, ce que l'on gagne généralement par le fruit de son travail. Il est, pour certains matérialistes, un synonyme de liberté, pour d'autres de bonheur… Il est, de toutes les manières, devenu quelque chose d'indispensable et omniprésent dans notre civilisation.

Richesse matérielle donc, renforcée par le nom lui-même Argent, argent au sens du métal. Ce n'est pas enfoncer une porte ouverte que de le souligner car, pour évoquer l'idée d'abondance et de richesse, il eut été tout aussi logique de trouver de l'or ! Mais l'or est le métal solaire, le métal divin, celui qui brille, commande et ordonne. L'argent – en tant que métal – est bien moins noble ! L'argent est la couleur de la lune qui ne fait que réfléchir passivement la lumière du soleil… Aux temps anciens du Mexique, l'argent était surnommé « l'excrément blanc des dieux » ce qui montre une bien mauvaise considération comparativement à l'or.

Avec cette carte, rien de bien spirituel donc, mais une valeur matérielle forte qui rappelle les tractations, les échanges, le commerce dont la planète Mercure est le maître symbole…

Mots-clés, synonymes, significations

Argent ➔ Abondance, opulence, enrichissement, les gains, les recettes, les bénéfices, les récoltes financières, les biens matériels, les acquisitions immobilières…

Dans un tirage en croix

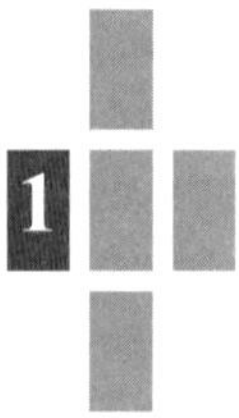

Avec cette carte pour illustrer votre situation de départ, on peut logiquement supposer que vous bénéficiez d'une confortable situation matérielle. Si votre question concerne un aspect financier, cette carte prend évidemment tout son sens en révélant que vous disposez d'un capital, de possibilités d'agir ou d'investir. Bien évidemment, si votre question n'a rien à voir avec un aspect strictement matériel, il faut voir dans cette carte l'aspect des moyens concrets et matériels qui sont à votre portée pour agir, pour concrétiser votre idée ou résoudre votre problème. Cette carte vous indique qu'il y a, dans votre situation face à votre question, un certain nombre d'acquis (peut-être des acquis financiers d'ailleurs) qui pourraient vous aider et vous faire avancer dans la direction que vous espérez…

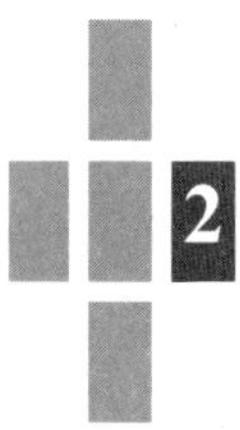

Dans la position des difficultés, la carte Argent peut suggérer de prime abord quelques ennuis financiers. On ne sera pas surpris de la trouver là si, précisément, votre question se rapporte à un problème matériel. Mais il est intéressant de voir cette carte au-delà de ce qu'elle raconte à la base et de la saisir dans tous les contextes possibles. Argent évoque les moyens matériels au sens large ainsi que tous les acquis. Par rapport à un projet de vie de couple, on pourrait imaginer que c'est tout simplement un problème d'organisation qu'il faudra résoudre, un certain nombre de priorités matérielles et peut-être financières qu'il faudra hiérarchiser. Dans le cas d'une maladie à soigner, ce pourrait être un manque de méthode, une mauvaise connaissance pratique de la maladie elle-même risquant bien sûr de se traduire par une aggravation…

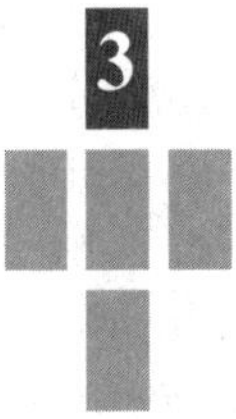

En position de conseil, cette carte vous suggère de donner de l'importance aux valeurs matérielles. Face à un projet sur lequel vous hésitez, il conviendrait de privilégier la rentabilité financière, par exemple, plutôt que les enjeux sentimentaux, affectifs ou idéologiques. Il ne s'agit pas de devenir bêtement matérialiste avec cette carte mais, comme dit l'adage, l'argent est le nerf de la guerre, il est normal de s'en soucier, de chercher à le faire fructifier, d'envisager toutes les solutions possibles pour en avoir plus. Ici, on vous demande d'être pragmatique, de compter plus que suivre votre feeling… Si votre question ne concerne pas la notion d'argent, il faut retenir de cette carte le conseil d'entretenir vos acquis. S'il ne s'agit pas d'une épargne financière, cela peut être un acquis affectif, une vie sentimentale bien établie qu'il faut préserver et entretenir ou un poste professionnel que vous avez envie d'abandonner alors que celui-ci peut rapporter gros plus tard ou tout simplement vous éviter la galère du chômage…

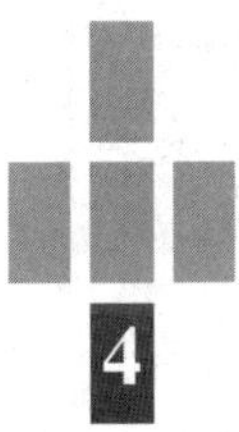

La carte Argent en position de réponse est généralement un bon présage. Elle annonce clairement une affaire rentable, des rémunérations qui augmentent, un capital, des biens et des acquis qui fructifient et qui amènent un bien-être évident… Si votre question concerne une perspective professionnelle, ou mieux, un placement, alors, nous sommes en plein dans le sujet avec la quasi-garantie de voir arriver une amélioration positive. Sur un plan purement amoureux, on pourrait penser à une relation qui se structure davantage matériellement parlant avec par exemple l'achat d'un bien immobilier, la signature d'un contrat de mariage ou autre visant à protéger les biens de part et d'autre…

En position de synthèse, la carte Argent semble annoncer une certaine prospérité sur le futur lointain. On sera heureux de l'apprendre si la réponse à la question n'était pas très favorable... Si au contraire tout allait dans votre sens, alors cette carte Argent ne peut que conforter ce qui vient d'être dit dans votre tirage... Cette carte indique aussi que vos priorités se situeront, à terme, dans les valeurs matérielles, que vous veillerez à faire fructifier...

* * *

N° 20 ▸ L'INTELLIGENCE

Description et sens général

Cette troisième carte mercurienne est sans doute la plus caractéristique de toute la série, la plus représentative de ce symbole astrologique. Alors que cette planète figure les facultés cérébrales, la communication en général ou encore les échanges, on peut difficilement faire plus proche astrologiquement parlant lorsqu'on porte le nom l'Intelligence. Du latin intelligere qui signifie comprendre, l'intelligence est ce qui permet de donner du sens aux choses et aux situations, de s'adapter, de s'entendre avec les autres. Pour certains spécialistes, le développement intellectuel se décompose en plusieurs savoir-faire hiérarchiques, faits de comportements élémentaires innés et réflexes, de comportements pratiques qui s'acquièrent avec l'expérience concrète de la vie et de l'intelligence discursive propre à l'homme qui le distingue de tous les animaux. Pour d'autres chercheurs, l'intelligence est une notion d'équilibre global comprenant différentes capacités que sont entre autres : l'orientation dans l'espace, la disposition à mémoriser facilement, le bien-être dans son corps, l'adaptabilité aux situations inconnues, la créativité, l'imagination ou encore le sens de la musique…

Toutes ces notions modernes de l'expression de l'intelligence nous rappellent qu'il faudra interpréter cette carte au-delà de ce que l'on nomme très souvent QI et qui ne représente finalement, très pompeusement, qu'une partie de cette vaste conception.

Sur l'image qu'a choisie Edmond pour cette carte, nous trouvons un grand livre ouvert au premier plan, symbole de la connaissance et des savoirs qui étaient autrefois consignés dans des ouvrages volumineux et austères auxquels seule une petite élite d'ecclésiastiques et de nobles avait accès. Il est éclairé par ce que les Juifs nomment traditionnellement la *Ménorah*, ce candélabre à sept branches. Trouvant son origine dans l'Ancien Testament (Exode XXV, 31), il est façonné en or, d'une seule pièce, délicatement orné de feuilles, de fleurs et de boutons, il est ensuite habituellement placé dans le Temple. Le premier d'entre eux, placé dans le Temple de Jérusalem, fut volé par les conquérants romains, reproduit ensuite au Moyen-âge et associé à une expression du Divin en raison de ses sept branches symbolisant initialement les sept planètes connues.

Mots-clés, synonymes, significations

L'Intelligence ➔ capacités cérébrales de compréhension, de synthèse, de mémoire. Adaptabilité, sens de la communication, du dialogue, ouverture aux autres et au monde ; curiosité.

Dans un tirage en croix

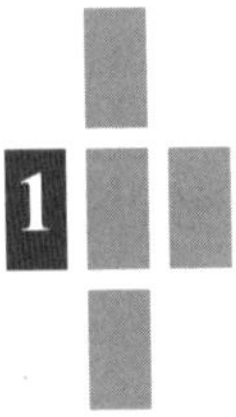

Pour vous représenter, la carte Intelligence révèle d'excellentes dispositions intellectuelles et cérébrales pour avancer dans vos projets ou résoudre vos problèmes. Probablement créatif, ouvert aux autres, vous êtes aussi adaptable que tolérant et à même de discuter tranquillement avec ceux dont les points de vue divergent des vôtres. Vu de l'extérieur, vous semblez alerte et prêt à aller de l'avant ; votre sens de la communication est visible, profitez-en, foncez et soyez très créatif.

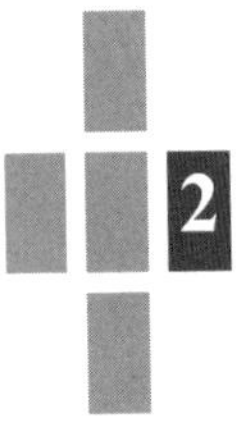

Dans la position des obstacles la carte Intelligence s'interprète comme un manque qui pose problème face à votre situation. Elle ne révèle pas nécessairement que votre QI plafonne au ras des pâquerettes mais elle indique que votre créativité, vos capacités cérébrales ne sont pas utilisées à bon escient. Concrètement, dans le registre du travail, vous pourriez cruellement manquer d'adaptabilité, d'esprit logique, d'organisation, tout cela jouant contre vous et vous empêchant probablement d'avancer dans les directions que vous espérez. Dans une vie de couple, cette carte indique un manque de communication, de dialogue, de discours. Peut-être ne vivez-vous pas assez en bonne intelligence avec les personnes qui vous entourent ? Vous devez faire preuve de raison et ne pas laisser la place à de la sensiblerie ou de la passion qui risqueraient de vous perdre sur des chemins douteux…

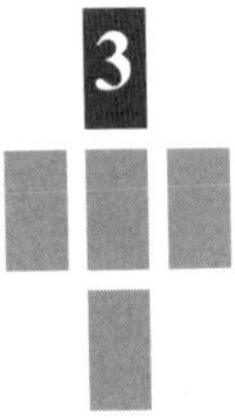

La carte Intelligence dans la position du conseil vous demande de faire appel à l'ensemble de vos facultés cérébrales mais aussi à tous les savoir-faire que vous avez acquis dans votre vie. Cette carte représente une forme de créativité que vous devez trouver à l'intérieur de vous et utiliser. C'est ce qui vous permettra d'avancer dans la direction que vous espérez. À cet endroit, cette carte vous demande aussi de savoir vous adapter, de lâcher prise s'il le faut pour notamment vivre en bonne intelligence avec les autres, qu'il s'agisse de vos collègues de travail ou de votre compagne ou compagnon de vie… Totalement mercurienne de nature, cette carte vous demande de communiquer davantage, de vous ouvrir aux autres, de cesser la timidité et de dialoguer, de faire confiance à vos potentiels et à ce que vous avez appris dans votre vie.

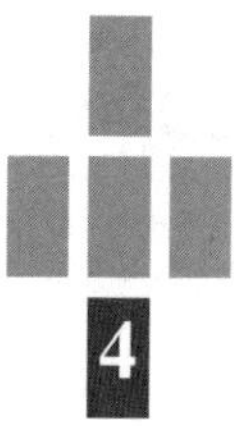

Intelligence en réponse semble indiquer le succès par l'affirmation de tout ce qui est cérébral, créatif, tolérant, ouvert au monde… Si votre question concerne la mise en place d'un projet précis, on peut supposer que cette carte va dans le sens de la réussite tout en indiquant de nombreuses discussions et des élaborations perpétuelles. Sur un plan amoureux, nous voyons clairement l'affirmation par le dialogue, l'adaptabilité, la compréhension de l'autre. Il s'agit d'avancer dans le calme, la réflexion et d'abandonner toute forme de passion instinctive qui n'a absolument pas sa place avec cette carte qui indique le triomphe de l'intellect.

Dans la position de synthèse, Intelligence marque l'avenir plus lointain du sceau mercurien symbolisant la communication, le dialogue, l'utilisation des facultés cérébrales, de tous les savoir-faire… Cette carte apporte beaucoup de rationalisation, de réflexion, de compréhension qui mènent à voir la vie et les projets que vous nourrissez d'une façon différente… Si la réponse à votre question est positive, cette dernière carte suggère qu'il y aura par la suite de nouvelles réflexions qui mèneront à de nouvelles idées. Si, au contraire, vous venez d'apprendre que vos projets ne pourront se concrétiser, l'Intelligence augure de nouvelles réflexions, une créativité nouvelle qui vous permettra de vous adapter à de nouvelles situations…

N° 21 ▸ VOL PERTE

Description et sens général

Il est des cartes de l'Oracle de Belline qui donnent des frissons lorsque, soudain, on les voit apparaître en les retournant dans un tirage. Vol Perte est de celles-là, évoquant irrémédiablement les horribles tracasseries de ce que sont les pertes financières, les vols de toutes espèces, les désagréments matériels, les ruptures de confiance. Vol Perte est une de ces cartes qui fait froid dans le dos tant les désagréments qu'elle symbolise sont pénibles à vivre. Carte mercurienne, elle reste néanmoins en relation avec les échanges, le mouvement, le commerce, la communication, mais se connote évidemment d'une dimension compliquée et quelque peu indélicate.

Le dessin pratiqué par Edmond est aussi saisissant que le nom de la carte elle-même : une chauve-souris tient dans ses griffes un rat. Ces deux animaux entraînent avec eux un cortège de sentiments de répulsion. D'abord cette chauve-souris, animal nocturne qui a très tôt éveillé la curiosité des hommes en raison de son aspect bâtard de mammifère ailé : c'est en Occident principalement qu'elle prend une valeur négative en s'associant au mythe religieux du diable et de l'ange déchu. Bête étrange, s'accrochant à la tête des gens et suceuse de sang à ses heures perdues, la chauve-souris n'est, en vérité, qu'un animal inoffensif chasseur de moustiques. Et puis il y a le rat, cette vilaine bête destructrice des provisions et propagatrice des maladies, coutumière des égouts et des endroits sales et nauséabonds, sa valeur symbolique est, en raison de sa réputation, évidemment négative. Ainsi la carte Vol Perte se trouve-t-elle représentée par ces deux animaux qui marquent les esprits de leurs mauvaises popularités.

Mots-clés, synonymes, significations

Vol Perte ➔ déficit, perte financière, ennui matériel, soucis d'argent, abus de confiance, pot-de-vin, argent sale, mauvaises affaires, tromperie, négligence, manque d'organisation et mauvaise gestion.

Dans un tirage en croix

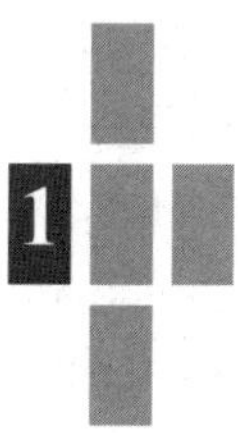

La carte Vol Perte dans cette première position vous montre dans une situation qui semble inconfortable et désagréable. À première vue, on peut supposer que vous subissez des revers financiers ou des revers tout court, liés à des problématiques de confiance abusée, de tromperie ou de très mauvais choix réalisés par le passé. Quelle que soit votre question, vous semblez partir avec un handicap certain ; il n'est pas sûr que vous puissiez faire confiance à tous ceux qui partagent votre actualité tout comme il n'est peut-être pas bon de tenter de réaliser les projets que vous avez actuellement à l'esprit : vos fondations sont fragiles et menaçantes… Ne perdez pas confiance totalement et allez vite voir les cartes qui sont sorties dans les positions suivantes et donneront très certainement de bons conseils pour avancer malgré tout.

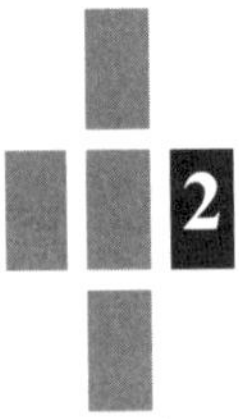

Vol Perte dans la position de ce qui pose problème évoque immédiatement toutes les difficultés financières et matérielles qui planent sur vous, votre question et plus généralement vos projets. Si vous vous apprêtez à quelques investissements ou engagements matériels, il convient de vous méfier, de tout vérifier... D'une façon générale, cette carte peut représenter les tromperies, les mensonges, les difficultés de gestion... Il faut tout observer et se méfier de tout. Si vous débordez d'énergie, canalisez-vous davantage car cette carte suggère un risque de dispersion, une chute de vitalité, des problèmes de santé, etc.

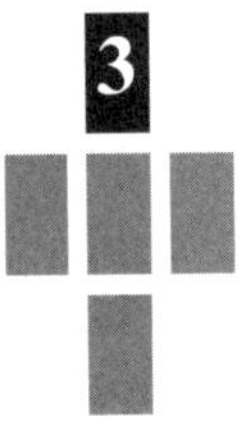

Cette carte Vol Perte qui survient dans la position du conseil ne vous suggère évidemment pas de jeter vos économies par les fenêtres pour précisément perdre votre argent. Non, cette carte un peu sinistre s'interprète à cette place comme une mise en garde, la présence d'un risque dans ce que vous entreprenez, dans ce que vous vivez. Sur un plan professionnel par exemple, les affaires financières ne sont peut-être pas si belles qu'elles y paraissent : de mauvaises opérations sont possibles, des pertes, une mauvaise gestion. D'une façon générale, c'est aussi toutes les problématiques liées à la confiance que vous pouvez accorder. Sur le plan sentimental, votre partenaire peut ne pas être aussi sincère que vous l'imaginez ; vos proches peuvent chercher à profiter de vous, à vous abuser, à vous vampiriser. Il convient donc de faire le tri, de repérer vos vrais amis pour préserver vos intérêts et votre énergie qui semble bien menacée.

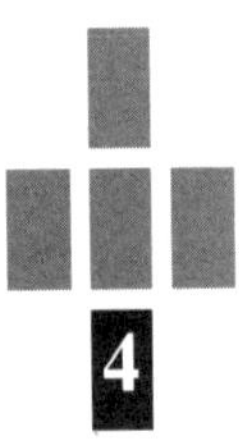

Dans la position de la réponse, la plus capitale, trouver la carte Vol Perte procure autant de plaisir que celui d'apprendre que vous êtes à découvert sur votre compte bancaire. Car effectivement cette carte en guise de réponse n'est pas des plus réjouissantes ! Annonciatrice de difficultés, elle n'est pas de très bon augure sur bien des points. Quelle que soit votre question, vous devez vous attendre à des problèmes de confiance abusée, des soucis de gestion, des déperditions d'énergie, d'argent, de vitalité. Bref, ce sont bien des efforts que vous fournirez pour des résultats décevants et susceptibles, en quelque sorte, de servir, en plus, la cause de la partie adverse…

Dans la position de synthèse, la carte Vol Perte vous indique de garder un bon niveau de vigilance dans l'avenir, de vous méfier des pertes d'énergie, d'argent, de tout ce qui concerne les problèmes matériels. Cette carte un peu problématique semble annoncer un futur dans lequel quelques rebondissements contrariants auront lieu… Mais ne vous démoralisez pas, cela n'est que la carte synthèse, elle ne remet pas en cause la très bonne réponse obtenue si vous avez eu la chance d'en sortir une…

* * *

N° 22 ▸ ENTREPRISES

Description et sens général

Voici une carte très intéressante qui ravira tous ceux dont l'esprit fourmille d'idées et de projets : Entreprises est la carte qui leur correspond ! Toujours sous le signe de Mercure, la planète qui figure le mental, les idées, le dialogue et les échanges, cette carte évoque bien sûr les projets, les initiatives, tout ce qui peut être entrepris dans la vie. Le dessin d'Edmond est aussi parlant que le nom de la carte : sur un plan d'architecte dessiné sur un parchemin déroulé, nous voyons une équerre, un compas et un marteau qui se trouve derrière. Tous ces objets ont une fonction symbolique. Le plan tel qu'il est ici est la représentation graphique d'un édifice que l'on va construire. Il représente le projet à l'état final de sa conception ; après l'avoir longuement réfléchi, on le couche sur papier établissant ainsi une succession d'étapes chronologiques qui lui permettront de voir le jour. L'équerre graduée et le compas sont des instruments de mesure et de tracé très anciens utilisés déjà au temps des Égyptiens. Outils de géométrie, ils furent ceux des grands bâtisseurs de l'Histoire et repris comme emblèmes principaux de la Franc-Maçonnerie, ce mouvement initiatique bien connu, héritage de l'esprit des compagnons bâtisseurs de cathédrale et plus loin encore de Hiram, l'architecte du Temple de Salomon à Jérusalem vers 950 avant JC. Instruments de précision et de composition, avec le marteau, la construction est bien sûr l'idée majeure de cette carte qu'il ne faut pas réduire à un simple symbole d'acquisition immobilière…

Mots-clés, synonymes, significations

Entreprises ➔ projets, construction, idées concrètes, plan, conception organisée et hiérarchisée. Étape finale précédant le démarrage de quelque chose de nouveau, bien pensé et bien réfléchi…

Dans un tirage en croix

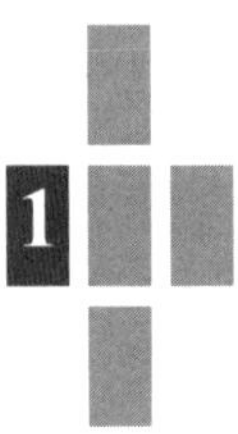

La carte Entreprises qui vous représente en première position suggère que vous fourmillez d'idées et de projets. Sans doute très créatif et très inspiré, vous ressortez également avec un esprit pratique bien organisé qui doit vous permettre

de hiérarchiser les priorités et débroussailler les difficultés. C'est une carte qui vous place sous les meilleurs auspices si votre question concerne l'évolution d'un projet car, à ce premier stade, nous voyons que vous avez tous les atouts pour réussir.
D'une façon générale, on peut ajouter que vous êtes communicatif, bourré d'initiatives, tourné vers l'avenir et vers les autres, ouvert d'esprit, etc. C'est une très bonne carte qui installe l'interprétation de votre tirage, pourvu que ça dure !

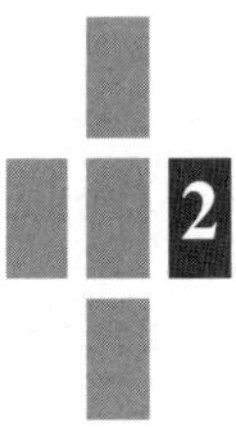

La carte Entreprises présente dans la position 2, montre des blocages importants si votre question concerne précisément un projet à mettre en œuvre. Sous le symbole de Mercure qui représente le monde des idées et de la créativité en général, on peut supposer que vos potentiels dans ce domaine sont insuffisamment exploités ou tout simplement inexistants. Vous devez, non seulement faire preuve d'inventivité et d'ingéniosité pour avancer, mais aussi d'esprit d'organisation et de planification. Tout cela vous manque, ce qui vous fait stagner dans le flou d'un brouillon mal conçu. Si votre question concerne un avenir sentimental éventuel avec une nouvelle rencontre, on peut supposer qu'il n'y a pas, à ce jour, de réelles ambitions de construire quoi que ce soit de part et d'autre.

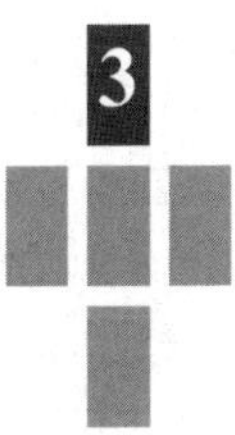

En conseil, cette carte mercurienne vous demande d'utiliser votre tête et votre raison plutôt que le cœur et les sentiments. Vous pouvez chercher à vous faire plaisir si le sujet de votre question s'y prête mais l'esprit de cette carte se situe plutôt dans le sens de l'organisation et la planification de toutes vos idées. Vous devez faire preuve d'ouverture d'esprit, d'une grande créativité qu'il faut bien sûr parfaitement canaliser pour avancer. Quels que soient les projets professionnels, cette carte se montre favorable en vous suggérant d'aller de l'avant, de faire confiance à vos idées, de manifester votre sens de l'organisation. Du côté de la vie amoureuse, cette carte vous conseille de mettre en place des projets concrets : un enfant, un mariage, un pacs même s'ils sont plus raisonnés que totalement passionnés. D'une façon générale, par rapport à votre question, vous devez entreprendre, construire, établir de la solidité mesurée et calculée dans votre vie.

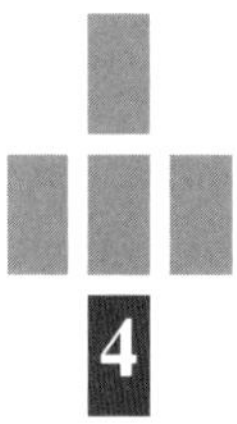

Dans la dernière position, la carte Entreprises se révèle de très bon augure sur le plan professionnel si votre question concerne la mise en place d'une idée ou l'établissement d'une petite entreprise par exemple. D'un point de vue général, cette carte annonce qu'un projet sérieux et bien coordonné sera organisé et planifié mais, dans le registre sentimental, cette carte peut être plus précisément un plan d'action pour donner lieu à une évolution de couple par exemple. Cette carte vous montre que vos pensées et votre intelligence seront mises au service du problème qui vous occupe. C'est la raison froide et pragmatique qui vous fera avancer et non les tergiversations émotionnelles. Quoi qu'il en soit, vous vous dirigerez vers un avenir constructif et cohérent en laissant s'exprimer votre ouverture d'esprit, votre sens du dialogue et de la décision.

En position de synthèse, cette carte vous indique un cheminement constructif bien organisé. Quelle que soit la réponse obtenue à la question posée, il apparaît une évolution au cours de laquelle votre créativité et votre sens de l'organisation seront stimulés pour élaborer des projets, des idées neuves, des perspectives inattendues. C'est un avenir lointain plein de possibilités que vous présente cette carte, alors gardez confiance en vous et en vos potentiels si la réponse obtenue n'était pas celle souhaitée…

* * *

N° 23 ▸ TRAFIC

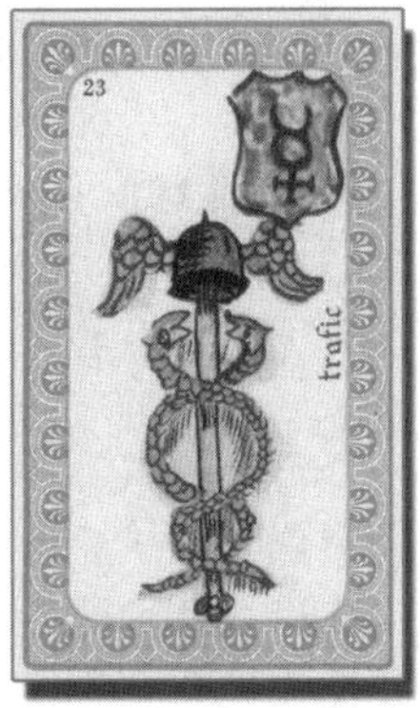

Description et sens général

Voici encore une carte typiquement mercurienne dont le nom Trafic évoque les mouvements, la circulation, le commerce, les échanges, les négociations, les voyages. Pourtant à bien y réfléchir, c'est un terme légèrement péjoratif qui évoque tout ce qui se fait en matière de commerce de l'autre côté de la ligne blanche. Ne parle-t-on pas du trafic de drogue, du trafic d'armes, du trafic d'organes ? Toutefois, je ne pense pas que cette carte soit à saisir absolument sous cet angle car les symboles qui y sont dessinés sont les emblèmes puissants du divin et protecteur Hermès, la version grecque de Mercure (dont le nom vient de l'expression mercari qui signifie faire du commerce) et sorte de « Saint Patron » antique des marchands, des routes et des carrefours, des échanges et du dialogue.

Dans ses représentations « officielles » généralement sculptées dans le marbre ou le granit, éventuellement coulées dans du bronze, il est toujours représenté avec le caducée à la main. Ce bâton autour duquel s'enlacent deux serpents repris aujourd'hui par la pharmacie et parfois aussi remplacé par la paire d'ailes qu'Edmond a, ici aussi, choisi de représenter sur son illustration.

Mots-clés, synonymes, significations

Trafic ➔ le commerce, les échanges, le dialogue, tout ce qui se rapporte aux négociations, aux réflexions, aux achats, aux ventes, toutes les manœuvres qui apportent de l'argent, des rencontres, des relations d'affaires, etc.

Dans un tirage en croix

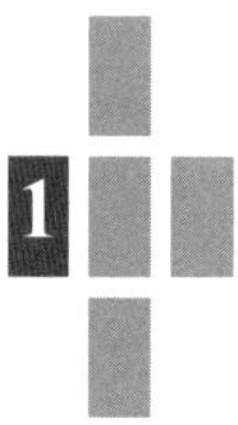

En toute première position, la carte Trafic vous représente par rapport à votre question et suggère que vous avez d'excellentes ressources en matière de communication. Et au-delà de cet aspect relationnel et de contact avec les autres, vous semblez surtout une personne dynamique, prête à beaucoup d'efforts pour réussir, notamment dans la vie professionnelle. Vous êtes une personne opportuniste, sûrement très polyvalente en plus d'être battante, sachant relever les défis et ayant le goût du challenge. Vu sous l'angle des sentiments, on peut imaginer que vous êtes une personne vivante, certainement extravertie, peut-être un peu dispersée mais surtout profondément passionnée. Vous attirez les regards, vous plaisez très certainement, mais attention à ne pas passer pour un être superficiel et dilettante.

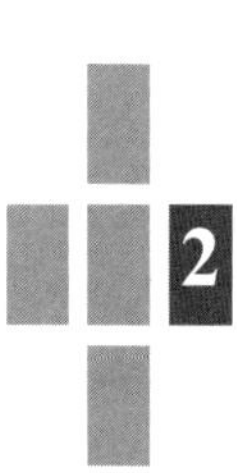

En position 2, la carte Trafic révèle des mouvements, des relations, des affaires qui se jouent sans vous et peut-être un peu contre vous. Rien de vraiment grave mais, si votre question concerne l'évolution de votre vie professionnelle par exemple, on pourrait imaginer que des négociations se trament dans votre dos, que des perspectives d'évolution ou de changements se négocient sans vous, à l'abri de votre regard. Et puis côté cœur, cette carte étant assez dynamique et énergique, elle pourrait indiquer une forme de dispersion, de l'inattention, un manque de concentration ou du désintérêt pour ceux que vous aimez, à moins que ce soit eux qui se lassent de vous, en raison d'un manque d'ouverture d'esprit…

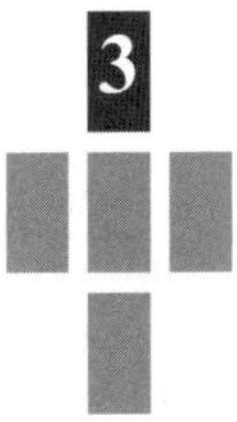

Dans la position du conseil, la carte Trafic vous invite à bouger, à vous dynamiser, à vous déplacer et à rencontrer du monde. Vous devez aller de l'avant, au-devant des autres, parler, communiquer, faire connaître vos points de vue et même tenter de les faire approuver… Des relations nouvelles peuvent surgir sur le côté cœur et, dans la vie professionnelle, il peut s'agir de tractations nouvelles, de discussions, de négociations. On vous encourage manifestement à aller en ce sens. Vous devez vous faire confiance et faire preuve d'ouverture d'esprit, de créativité, d'ingéniosité, d'opportunisme pour avancer et parvenir à vos objectifs.

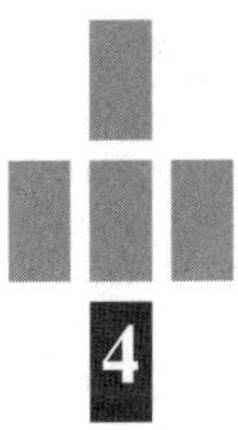

En réponse, la carte Trafic est tout à fait favorable si votre question s'oriente davantage sur les côtés professionnel et financier. Car la carte Trafic vous assure en effet des négociations intéressantes et des réussites dans les contrats, les projets, le commerce, tout ce qui peut nécessiter des négociations de votre part. Sur le plan de la vie affective, si votre question concerne le projet d'une liaison amoureuse, on retiendra que le dynamisme de cette carte et son aspect de communication très ouvert sur le monde vous amèneront non pas une, mais des rencontres.

En position de synthèse, cette carte semble indiquer que l'avenir plus lointain sera marqué par les dialogues, les concertations et, d'une façon générale, tout ce qui se rapporte aux négociations. Quelle que soit la réponse obtenue, cette carte est plutôt dynamique et assure des mouvements enrichissants à votre vie professionnelle si votre question concernait ce domaine. Si ce n'est pas le cas, cette carte apportera néanmoins un avenir énergique, animé de mouvements, de projets variés, d'envies diverses… le trafic de la vie d'une personne qui bouge !

* * *

N° 24 ▸ NOUVELLE

Description et sens général

La dernière carte de la série mercurienne se révélera très intéressante pour ceux qui aiment le changement et l'innovation. Car cette carte Nouvelle est dans l'oracle de Belline celle qui est la plus annonciatrice de nouveauté quelle que soit la question que l'on pose. Inattendu, surprise seront les maîtres-mots de cette carte qui fera très souvent l'augure d'événements soudains et de situations inconnues jusqu'alors. Cette carte, très aimée de ceux qui détestent la routine et le train-train de la vie, sera en revanche plus ou moins crainte de ceux qui n'apprécient guère d'être dérangés dans leurs habitudes. Placée sous l'égide de Mercure, elle est une carte vive et dynamique de mouvement à l'instar de la représentation qu'Edmond en a réalisée. L'oiseau porteur d'une missive rappelle que, en raison de leur capacité à se déplacer rapidement dans le ciel, ils furent très tôt dans le symbolisme, associés aux fonctions de messagers des dieux. La paire d'ailes se retrouvant d'ailleurs souvent dans la figuration d'Hermès, la « version » grecque de Mercure qui était le dieu du commerce, des mouvements, des messages. Et puis il y a l'étoile filante qui, dans la culture populaire a toujours été annonciatrice d'évènement particulier. De tout temps, les phénomènes célestes, tels que le passage d'une comète, présageaient l'arrivée d'évènements particuliers.

Mots-clés, synonymes, significations

Nouvelle ➔ du nouveau dans les attentes, évènements inattendus, surprises qui entraînent une succession de changements, modifications et réactions en cascade, changements de rythme qui suscitent la curiosité et l'intérêt…

Dans un tirage en croix

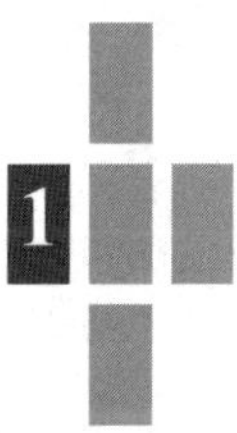

Dans cette première position, la carte Nouvelle suggère que vous possédez un état d'esprit vif et rapide à même de saisir toutes les balles au bond. Créatif et aimant le changement, vous ressortez comme un individu qui se délecte des surprises et de toutes les modifications possibles dans le rythme de vie, le quotidien et la routine. Il y a en vous une grande ouverture d'esprit qui vous fait apprécier la nouveauté, l'étrange ou l'étonnant. Vous apparaissez également doté d'une adaptabilité sans faille, ce qui sera d'un grand secours pour résoudre vos problèmes ou développer vos projets. Par rapport à votre question, il semble que votre motivation s'enracine dans un besoin permanent de nouveauté et d'inattendu… Il faudra veiller néanmoins à ce que cela ne se transforme pas en versatilité ou en dilettantisme.

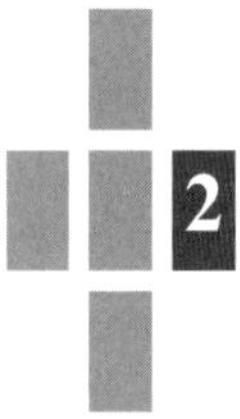

Dans la position de ce qui pose problème, la carte Nouvelle présente de votre part un manque cruel d'adaptabilité et d'ouverture au changement. Par rapport à la question que vous posez, vous resterez bloqué si vous craignez de modifier vos habitudes, de bouger ou de changer... Mais, d'une façon générale, cette carte de déplacement et d'animation, contrariée à cette place, montre que peu de changements peuvent se produire. Ainsi, si votre question concerne un besoin de renouveau sentimental, cette carte Nouvelle qui peut représenter une nouvelle rencontre, ressort complètement contre vous : c'est que la liaison que vous espérez précisément est incapable de survenir dans votre vie. La raison est que vous n'êtes pas aussi prêt à l'accueillir que vous le pensez ou que les événements qui le permettraient sont tout simplement en attente. S'il s'agit pour vous de voir quand vous changerez de travail par exemple, là encore la carte Nouvelle montre un blocage de ce genre de perspective... Il faut une troisième et une quatrième cartes suffisamment énergiques pour que vous puissiez dépasser cet élément de blocage important, notamment si votre question concerne précisément une perspective de nouveauté.

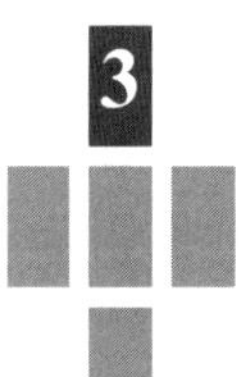

La carte Nouvelle en troisième position, celle du conseil à suivre, vous suggère d'aller de l'avant, d'ouvrir votre esprit et de provoquer des opportunités dans votre vie. Par rapport à votre question, cette carte préconise d'engager un élan de nouveauté, une succession de changements, des revirements de situation. Si vous n'en êtes pas vous-même l'instigateur, cette carte peut également indiquer que les éléments et les situations extérieurs pourront, indépendamment de votre volonté, vous amener sur de nouvelles directions et de surprenantes opportunités. C'est pour cette raison qu'il vous faut, d'ores et déjà, être prêt à saisir la balle au bond, vous montrer disposé et détendu à la perspective de nouvelles directions qui peuvent modifier votre trajectoire initiale mais qui vous amèneront toujours sur une voie d'épanouissement.

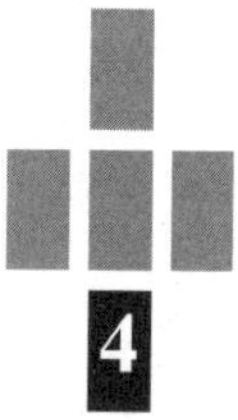

Nouvelle qui apparaît dans la position de la réponse s'interprète aisément comme la perspective de nouveautés et d'opportunités diverses. Si votre question concerne précisément la mise en place d'un projet original, d'une situation susceptible de changer votre quotidien, alors cette carte est de très bon augure. Dynamique, ouverte sur le monde, amenant de la surprise et bien sûr la nouveauté, cette quatrième carte vous annonce des orientations nouvelles. Dans le registre professionnel, cela peut être un nouveau travail, une nouvelle mission professionnelle, un projet original qui se met en place. Dans le registre amoureux, c'est la possibilité de faire une nouvelle rencontre, de côtoyer de nouvelles personnes avec la possibilité de se faire de nouveaux amis…

Dans la position de la synthèse, la carte Nouvelle amène un sentiment de nouveauté très agréable et très bénéfique. L'avenir plus lointain est visiblement marqué par des tendances originales qui peuvent sortir de l'ordinaire et modifier le rythme quotidien de votre vie. Quelle que soit la réponse obtenue à votre question, nous avons là l'indication que des opportunités surviendront, des mises en relief particulières.

LA SÉRIE VÉNUSIENNE

CARTES 25 À 31

Vénus d'un point de vue astronomique

Vénus, qui est la deuxième planète du système solaire, est souvent comparée à la Terre en raison de ses caractéristiques dimensionnelles très semblables. D'un diamètre de 12000 kilomètres et d'une masse, d'un volume et d'une gravité comparables, c'est un astre qui possède une très épaisse couche atmosphérique responsable de cet éclat qui lui a valu dès l'Antiquité, le poétique surnom d'étoile du soir ou étoile du berger ; Vénus est souvent la première à briller dans le ciel au coucher du soleil.

Les nombreuses expéditions spatiales ont révélé que, contrairement à ce qu'on pouvait imaginer, aucune forme de vie n'y est possible : en raison de sa proximité au soleil (108 millions de kilomètres) et de son atmosphère composée quasiment en totalité de gaz carbonique qui produit un tel effet de serre que la température oscille autour des 500°C. Si on ajoute le paramètre des vents qui soufflent en altitude à 400 kilomètres par heure, on comprend que cette délicate planète, si semblable à la Terre, est un monde infernal assez peu propice au développement de la vie…

Vénus d'un point de vue symbolique

Quand on réalise à quel point cette planète est horriblement inhospitalière d'un point de vue strictement scientifique, il est surprenant de constater à quel point, sur le plan symbolique, nous sommes éloignés de ce monde infernal puisque celle-ci se rattache aux notions d'amour, de grâce, de beauté, de plaisirs…

Les raisons résident peut-être dans le fait qu'elle est une compagne de charme au crépuscule ou aux aurores : souvent la première à briller dans le ciel du soir ou la dernière, dans le ciel du matin. Son éclat magnifique peut évoquer le romantisme et le lyrisme. Est-ce pour cette raison que les hommes de la Grèce antique et ensuite de Rome ont associé leurs déesses de l'amour à cette planète ?

En astrologie, Vénus est la planète qui caractérise la vie affective, les plaisirs et les joies de notre vie. Elle est la fertilité, l'expression des arts, des subtilités… Un bien chouette symbole, non ?

N° 25 ▸ PLAISIRS

Description et sens général

C'est la carte Plaisirs qui inaugure la série des cartes Vénusiennes. Une bien jolie carte quand on connaît toutes celles qui existent. Celui qui la voit apparaître dans son tirage a de quoi se satisfaire car elle revêt des sentiments et des émotions bien sympathiques.

Comment pourrait-il en être autrement avec une carte qui porte pareil nom ? Un nom qui rappelle tout ce qui dans la vie amène du bien-être, du réconfort, de la douceur, de la tranquillité, de la satisfaction, de l'agrément. Toutefois, elle ne doit pas se confondre avec le bonheur n° 45, dernière carte jovienne qui, bien que semblable, évoque un sentiment stable bien plus large et intemporel. Le bonheur est un état de satisfaction spirituel et moral là ou les plaisirs représentent sans doute davantage les contentements terrestres, plus immédiats et moins durables.

Cette remarque amène alors l'image qui représente une lyre, instrument de musique doux et subtil plutôt utilisé dans l'Antiquité. Ancêtre de la harpe, la lyre est l'objet qui accompagne souvent les Muses, ces neuf divinités gréco-romaines inspiratrices des arts et des lettres. Nous y sommes, la carte

Plaisirs est donc en résonance avec ces plaisirs-là : le plaisir par les sens, tous les sens : tout ce qui est agréable à regarder, à entendre, à sentir, à ressentir, à goûter, etc.

En vrac : mots-clés, synonymes, significations

Plaisirs ➔ joie, contentement, satisfaction, bien-être, relation avec les arts, la musique, le chant, la danse, le théâtre, la sculpture, la peinture, le dessin, la littérature, le cinéma, la poésie mais aussi le plaisir des sens, affection, sensualité, sexualité épanouie, etc.

Dans un tirage en croix

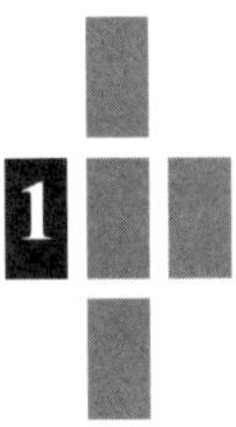

La carte Plaisirs qui vous représente semble indiquer un épanouissement tout à fait favorable par rapport à votre question. On imagine que vous êtes dans de bonnes dispositions pour résoudre les problèmes qui peuvent se poser à vous puisque Plaisirs suggère que vous n'êtes pas terrassé par les doutes et les angoisses. Bien au contraire, vous semblez capable de relativiser et de vivre de vivifiantes émotions, ce qui indique un certain lâcher-prise de votre part. D'une façon générale, vous apparaissez comme une personne très équilibrée qui sait apprécier la vie et qui précisément la voit de façon positive et optimiste. Vous dégagez un bien-être probablement communicatif qui sera certainement un avantage pour vous par rapport à la question que vous posez !

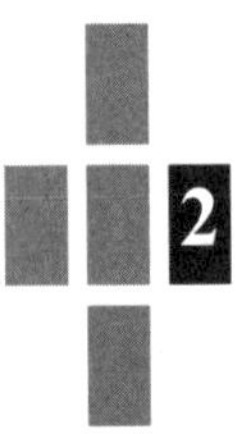

Plaisirs dans la position des difficultés et blocages suggère, de prime abord, que vous pourriez avoir du mal à prendre du plaisir par rapport à la question que vous posez. Concrètement, dans le monde du travail, vous pourriez cruellement manquer d'épanouissement dans vos activités quotidiennes : le job dans lequel on vous emploie ne vous intéresse guère… Sur un plan sentimental, si votre question concerne l'évolution d'une relation, on pourrait s'inquiéter de votre bien-être dans celle-ci ! Votre liaison est-elle vraiment épanouie ? Y a-t-il des problèmes sexuels ou, tout simplement, arrivez-vous à vous sentir bien l'un avec l'autre ? Tout porte à croire que vous n'avez pas de plaisir dans ce que vous vivez…

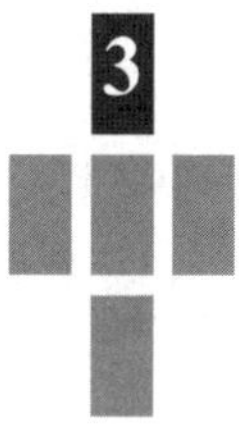

Cette carte en position de conseil vous suggère de penser à vous, de vous épanouir et de prendre du plaisir. Par rapport à votre question, vous devez faire vos choix en fonction de ce que le cœur vous dicte, de ce que vos sentiments vous commandent. Avec cette carte, il convient de mettre un peu de côté la raison et de vous laisser aller au bien-être personnel. Sur le plan amoureux, il peut être question de vivre une liaison très sympathique et, dans le cadre du travail, on vous encourage à vous détendre, d'abandonner toutes les situations de stress et de privilégier dans le quotidien ce que vous préférez faire. Dans une question d'orientation, on préconisera la voie des arts et de la créativité ; les vacances et les loisirs peuvent aussi être à l'honneur !

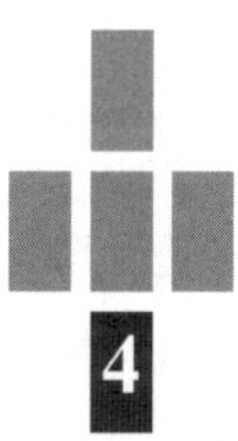

Quelle belle carte en réponse que celle des Plaisirs, n'est-ce pas ? Évoquant les satisfactions, le bien-être et le contentement, on peut vraiment supposer que vous obtiendrez une réponse favorable à votre question… Une réponse qui vous donnera du plaisir. Si votre question concerne un projet professionnel, cette carte apporte des éléments favorables indiquant que le vent tournera en votre faveur. Si vous demandez l'évolution d'une vie de couple, vous pouvez compter avec cette carte vénusienne sur un épanouissement tout à fait positif. Malgré tout, on reprochera peut-être à cette carte une forme de passivité qui ne va pas toujours dans le sens des gens pressés avec mille et un projets à concrétiser. Plaisirs rappelle l'ambiance des vacances et de la détente bien plus que l'acharnement au travail ou la prise de responsabilités valorisantes et stressantes…

En synthèse, la carte Plaisirs est tout à fait positive et apporte une touche de légèreté à l'évolution de votre futur lointain. Quelle que soit la réponse obtenue, on peut imaginer que vous aurez l'occasion de vous réjouir plus tard et d'obtenir des satisfactions, voire des récompenses… Gardez donc espoir si vous n'avez pas obtenu une réponse très favorable, on vous indique que, malgré tout, vous saurez relativiser les situations difficiles et prendre le plaisir là où il se trouve.

* * *

N° 26 ▸ LA PAIX

Description et sens général

Cette deuxième carte vénusienne se nomme la Paix. État de ce qui est tranquille et non hostile, la Paix est l'opposé de la guerre et de tous les sentiments belliqueux. Alors qu'on la trouve, de nos jours, essentiellement représentée par la colombe blanche, dans l'Oracle de Belline, Edmond a dessiné le symbole de ce que l'on appelle *les faisceaux des licteurs.*

Durant la Rome antique, les licteurs étaient les serviteurs des prêtres et des magistrats. Ils les précédaient lors de toutes apparitions publiques ou cérémonies officielles. Ils portaient avec eux un symbole de pouvoir : une hache de bourreau, enserrée par des baguettes (les faisceaux) maintenues par la lanière d'un fouet. D'origine étrusque, ces faisceaux, accolés les uns aux autres, représentaient la concentration du pouvoir et ont donné leur nom au fascisme moderne…

Sur le dessin d'Edmond, il s'agit d'une hache à double tranchant qui rappelle également le symbole de la hache de guerre. Symbole provenant des Indiens d'Amérique du Nord, elle était à l'origine une massue rituelle ornée de plumes destinée à assommer l'ennemi. C'est au contact des colonisateurs qu'elle devint une hache à double tranchant. Sur cette image, il s'agit d'illustrer l'expression « enterrer la hache de guerre » bien qu'elle ne soit pas précisément sous un tas de terre. Est-ce alors l'idée qu'un conflit peut surgir à tout instant, que la hache peut éventuellement servir à nouveau ? Peut-être en effet que cette Paix n'est qu'une période d'accalmie, une trêve entre deux conflits ? Quoi qu'il en soit, au moment où cette carte apparaît, elle indique bien évidemment la quiétude, l'entente, la tranquillité, un peu de douceur dans ce bas monde trop souvent compliqué.

En vrac : mots-clés, synonymes, significations

La paix ➔ sérénité, bien-être, tranquillité, entente, apaisement, harmonie, conciliation…

Dans un tirage en croix

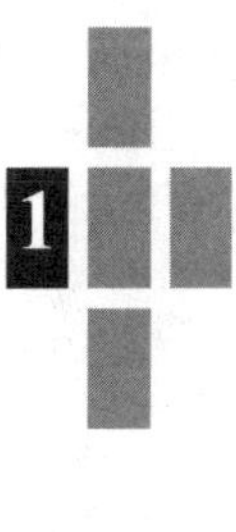

C'est une carte tranquille et simple qui apparaît dans la première position pour vous représenter. La Paix est, en effet, une carte qui inspire la détente, la sérénité et un certain bien-être. On suppose que, par rapport à votre question, vous n'êtes ni dans le stress, ni dans l'impatience ; au contraire, la paix évoque une maîtrise naturelle que vous avez sur vous-même. Rien ne semble vraiment vous ébranler et probablement que vous gardez un œil lucide et plein de recul sur tout ce que vous entreprenez. Dans cette sérénité et cette confiance en vous, vous êtes capable d'utiliser pleinement toutes les ressources qui sont en vous et de résoudre les difficultés qui s'opposeront à vous tout comme de mener les projets que vous avez en tête. C'est donc dans un état d'esprit tout à fait positif que vous vous apprêtez à avancer, espérons que le reste du tirage ne viendra pas contrarier ces bons auspices sous lesquels vous démarrez.

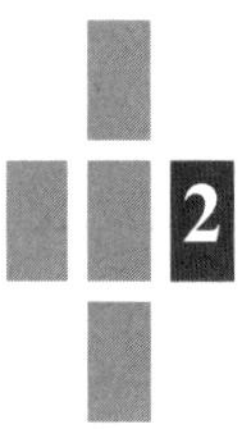

La Paix dans la position de ce qui pose problème évoque bien évidemment un manque d'harmonie dans ce que vous vivez par rapport à votre question. Il peut clairement s'agir ici d'un manque de paix et donc d'un conflit totalement ouvert avec quelqu'un ou au contraire, sourdement présent sous des apparences trompeuses, ce qui dans les deux cas peut cruellement vous empêcher d'avancer dans vos projets. Si votre question est précisément de savoir si l'entente avec quelqu'un se fera ou si la résolution d'un conflit aura lieu, cette carte positionnée ici montre un blocage sérieux en ce sens, d'autant plus si les cartes qui suivent en troisième et dernières positions ne sont pas hautement favorables… Quelle que soit la question que vous posez, un manque de sérénité semble présent ; est-ce un défaut de maîtrise de vous-même, une paix intérieure qui vous manque ? À vous de trouver comment rétablir un équilibre, qui en ce moment, fait défaut…

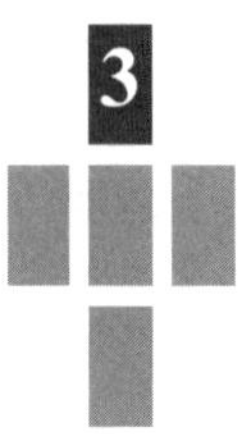

La Paix dans la position du conseil suggère évidemment de mettre de la sérénité, du calme et de la modération dans tout ce que vous entreprenez et dans tout ce que vous vivez. Il est clairement demandé de n'entrer dans aucun conflit, de jouer au maximum la prudence, la modestie et la patience. La Paix est une carte de calme qui propose de marcher dans la sérénité et l'harmonie. Rien de doit être brusqué et, si vous êtes un entrepreneur passionné et impatient, il vous est demandé de prendre votre temps, du recul, de profiter du silence, de vous recueillir, etc. Si votre question concerne l'avenir d'une relation, cette carte s'interprète sympathiquement dans le sens de la douceur et du bien-être à deux. Concernant l'évolution d'un état de santé, sans prédire une guérison, cette carte apporte de la modération et de l'apaisement…

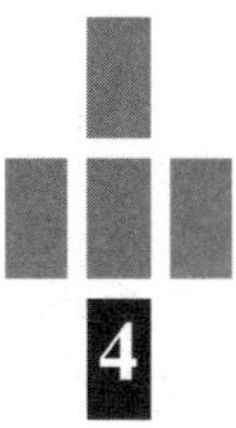

La Paix est une de ces cartes très agréables à voir sortie dans cette position de réponse. D'une part parce qu'elle symbolise la douceur et la sérénité, c'est aussi, d'autre part, parce qu'elle vient prédire une issue en général favorable à la question que vous avez posée. Elle indique un déroulement des événements selon un ordre équilibré et plaisant, éloignant de vous les conflits avec les autres comme les problèmes liés au manque de maîtrise de soi, manque de confiance, etc. Cette carte tranquille ne prédit rien d'extravagant néanmoins : pas de grands changements ou de grands bouleversements mais plutôt un état de bien-être et de sérénité qui s'imposera en toutes circonstances et quelle que soit la question initialement posée…

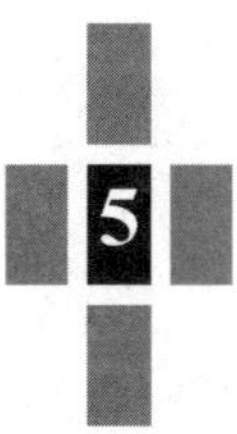

En synthèse, cette carte indique le triomphe de la sérénité, de la paix, du bien-être. Elle vient modérer les réponses difficiles à encaisser en suggérant qu'à plus long terme, vous saurez trouver la détente et qui vous aidera à passer les caps difficiles. Si votre question a trouvé dans ce tirage une réponse favorable, la Paix qui intervient ici vous indique un déroulement tranquille à plus long terme en mesure de vous faire rebondir et d'aller plus loin encore… De belles perspectives à l'horizon donc…

N° 27 ▸ UNION

Description et sens général

Sur un magnifique autel doré richement ornementé de fleurs et de perles se trouvent accolés deux gros cœurs rouges en suspension dans de majestueuses flammes jaunes.

Ainsi s'illustre la carte Union dont la symbolique rappelle les thèmes du mariage, de l'amour mais aussi ceux de l'amitié, du partage, de la fraternité etc. Carte gouvernée par la planète Vénus, planète des délicatesses, des plaisirs et bien sûr de l'amour, c'est bien dans cette série qu'il est logique de trouver cette carte.

Évoquant naturellement les noces, l'engagement amoureux, il faudra aussi voir dans cette carte toutes sortes de partenariat évoquant à la fois l'amitié, la bonne entente et une certaine fidélité entre les protagonistes.

En vrac : mots-clés, synonymes, significations

Union ➔ mariage mais, d'une façon générale, il faut voir dans cette carte l'engagement sérieux et entier avec quelqu'un ou dans une démarche particulière. Fidélité, amitié, dévouement, générosité, disponibilité, valeur sentimentale forte.

Dans un tirage en croix

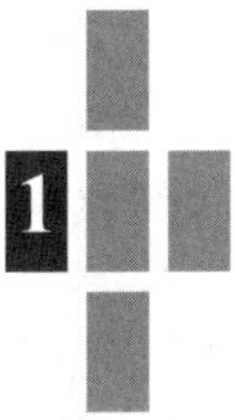

La carte Union présente dans la première position évoque bien sûr la vie affective et les sentiments amoureux. Si votre question concerne ce sujet, on peut supposer que vous êtes dans une période faste d'épanouissement. Probablement que tout se passe bien avec votre partenaire ou, si vous êtes célibataire, vous réunissez tous les atouts pour faire une rencontre très prochainement. Cette carte Union figure un niveau de bien-être élevé, un sentiment d'harmonie extrêmement vitalisant et fécond qui se révélera très positif si vous avez des projets à mener, des problèmes à résoudre. Sur un plan professionnel, cette carte qui semble sans rapport peut toutefois rappeler que des partenariats sont actuellement possibles, et plus simplement, que vos relations de travail sont à la fois nourrissantes et créatives…

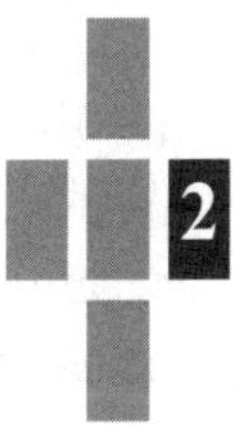

La carte Union contre vous se révèle assez défavorable si la question concerne une liaison affective ou une relation bien établie. Représentant évidemment l'engagement amoureux, l'harmonie d'une belle situation amoureuse, le mariage et la fidélité, on peut supposer que c'est un problème autour de ces questions qui se pose à vous. Une difficulté de communication existe probablement à moins que ce ne soit votre partenaire ou vous-même qui pensez à se désengager plus ou moins sans trop savoir quoi décider vraiment. Si la question que vous posez n'est pas en rapport avec l'aspect sentimental, il faudra voir dans cette carte le manque d'épanouissement qu'elle représente à cette position, le sentiment d'unité avec vous-même qui vous fait cruellement défaut. Sur le plan professionnel, on pensera également aux associations ou aux partenariats qui sont plus que douteux et pour le moins non fiables. Rendez-vous rapidement à l'examen de la troisième carte qui suggèrera quelques solutions pour sortir de là.

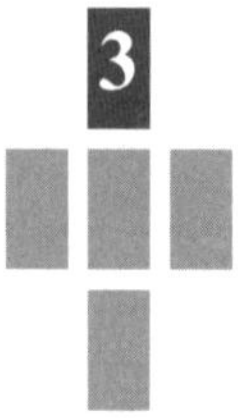

Union en conseil vous suggère clairement de vous engager pleinement et en confiance. Avec qui ? Si votre question concerne l'issue d'une relation, ne cherchez pas, alors, midi à quatorze heures et foncez dans les bras de votre partenaire actuel. Si votre vie est déjà établie, cette carte amène une sorte d'engagement supplémentaire qui renforcera l'édifice commun déjà construit. Si vous vous situez sur le plan de la vie professionnelle, cette carte peut représenter une association nécessaire, un partenariat très utile ou une fidélité indispensable auprès de l'entreprise qui vous emploie. Si vous pensez à partir et tout quitter, peut-être au contraire faut-il vous réengager ? Si vous êtes à la recherche d'un job, cette carte peut figurer l'embauche en raison précisément de la notion d'engagement et de contrat, présente dans cette carte…

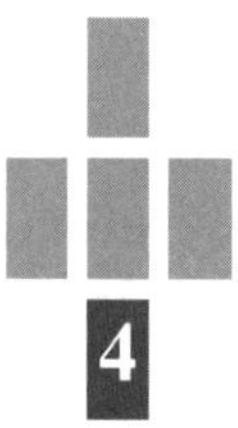

Union en position de réponse est évidemment très favorable pour une question sentimentale liée à l'engagement de votre partenaire et vous. Si vous êtes à la recherche de l'âme sœur, cette carte prédit clairement une rencontre heureuse et pleine de promesse. Sur le volet professionnel, elle se lit comme un engagement, une embauche, une association, une signature de contrat, un compromis, un échange fidèle, une collaboration fructueuse et durable. Enfin, si votre question concerne la résolution d'un conflit, l'évolution d'un état de santé, la perspective d'un déménagement, il faut retenir l'aspect doux et tranquille de la planète Vénus qui gouverne la carte Union. En ce sens, celle-ci est plutôt source d'évolution positive et favorable…

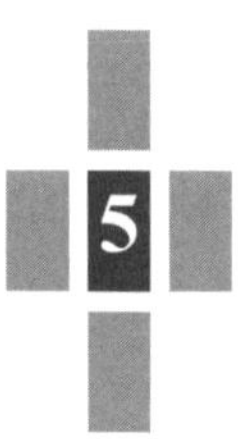

En synthèse, la carte Union apporte une note de douceur et d'harmonie très vénusienne qui sera très appréciée par les consultants dont la réponse ne s'est pas révélée favorable. Union montre le sentiment d'unité et de bien-être que vous vivrez à plus long terme et l'importance des sentiments et des émotions dans vos choix et décisions prochains. Si la réponse à votre question est favorable, cette carte n'amène qu'une confirmation très à propos surtout si la thématique de celle-ci était sentimentale…

* * *

N° 28 ▸ FAMILLE

Description et sens général

Du latin familia, la Famille est par définition l'ensemble des personnes qui ont des liens de parenté par le sang ou par alliance. Habituellement, elle peut se résumer au père, à la mère et aux enfants bien qu'au sens large du terme, une famille peut bien évidemment être un regroupement de personnes par affinités affectives ou plus trivialement intellectuelles. Dans cette carte, il y a donc la notion de groupe dont les individus sont reliés entre eux par une notion commune : une passion, un intérêt, un travail, etc.

Le dessin de la carte représente parfaitement ce que l'on peut s'attendre à voir puisque nous trouvons une poule et ses poussins. À noter que, dans sa notice, Belline semble avancer qu'il s'agit plutôt d'une famille de pélicans… Étonnant, car la forme de l'oiseau ne rappelle guère celle du pélican ni celui de son bec muni de la poche extensible caractéristique de l'oiseau. On peut évidemment se demander si Belline a déjà eu l'opportunité de voir des pélicans tout comme Edmond qui, dans le courant du XIXe siècle, n'avait très probablement pas eu, lui non plus, beaucoup d'occasions pour en voir… Car cet oiseau de l'ordre des ciconiiformes est plutôt coutumier des régions chaudes et humides ; en voir en France n'est pas si facile surtout quand on habite Paris et que l'on vit au XIXe siècle… Toutefois, l'allusion au Pélican dont le dessin ne ressemble qu'à celui d'une poule et à sa descendance est loin d'être hors de propos. C'est même plutôt bien vu. Car le pélican est un animal grégaire qui niche en colonie, forme des crèches pour les jeunes, se nourrit en commun, se repose en groupe : un véritable esprit de famille ou mieux une micro société !

Mais, trêve de digression à propos de l'oiseau représenté sur cette carte, l'essentiel est, bien entendu, de constater qu'il s'agit d'une mère qui veille sur sa progéniture. C'est principalement le symbole d'une protection, de liens, de force par le nombre…

En vrac : mots-clés, synonymes, significations

Famille ➔ groupe, société, liens entre les personnes, solidarité, protection, esprit de famille, association de confiance, amitiés solides, sentiments heureux et bienveillants, valeurs familiales et traditionnelles…

Dans un tirage en croix

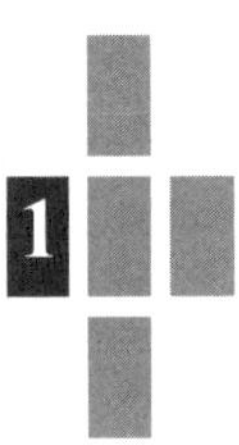

La carte Famille en première position représente votre situation de départ face à votre question. On peut simplement penser que vous êtes bien entouré par vos proches ou par vos amis, que vous recevez de bons conseils, que vous êtes estimé etc. Sur un registre professionnel, il y a de la bienveillance autour de vous, des collègues de travail qui aiment œuvrer avec vous. Dans le registre affectif, vous semblez, là aussi, bien entouré, disposé à dialoguer, à vous ouvrir aux autres… D'une façon générale, cette carte tranquille apporte de la force et de la sécurité grâce aux autres et précisément ceux qui vous entourent de près.

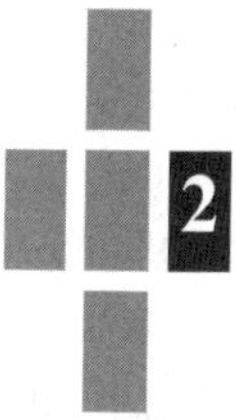

La carte Famille qui est contre vous montre globalement un problème relationnel avec vos proches ou ceux qui vous entourent de près. Ce problème peut être que vous n'êtes pas assez entouré ou, bien au contraire, que vous accordez trop d'importance à votre famille. C'est dans les deux cas un problème de relation aux autres qui se pose à vous et qui bloque l'évolution de votre question. Dans un registre sentimental, on pourrait peut-être penser que vous donnez trop d'importance à votre famille au détriment de votre partenaire par exemple. Dans le monde du travail, cette carte révèle un manque de communication et de dialogue avec les autres, vos collègues notamment. D'une façon générale, on pourrait penser que vous manquez de vie sociale, de liens affectifs et amicaux, de soutiens, etc.

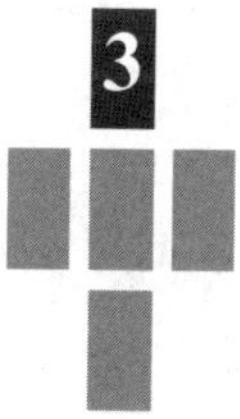

Avec la carte Famille dans la position du conseil, on vous suggère d'accorder de l'importance à vos proches et ceux qui vous entourent de près. Peut-être faut-il davantage les écouter et suivre leurs avis ? Quelle que soit votre question, la carte Famille évoque également le groupe et la force que représentent plusieurs personnes réunies. Ainsi, par rapport à vos projets, il peut être bon de se joindre aux autres et d'allier vos forces à celles de vos proches pour assurer les résultats que vous recherchez. Concrètement, dans le monde des affaires, cela pourrait s'illustrer par un partenariat ou une association. Enfin cette carte vénusienne, d'un point de vue général, met l'accent sur les rapports affectifs et les enjeux sentimentaux. Face à une décision, ce serait clairement le choix du cœur qui devrait l'emporter ; tout ce qui se rapporte à la vie émotionnelle, affective, amoureuse…

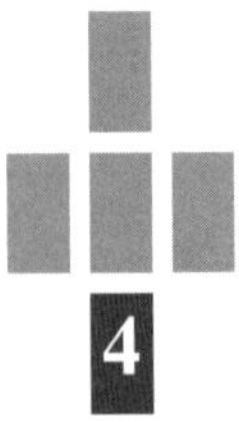

Dans la position de la réponse, la carte Famille, bien que plutôt tranquille et favorable, n'annonce pas des chamboulements majeurs ni des événements novateurs. C'est ici l'affirmation de certaines valeurs affectives liées à la famille et au partage d'intérêts communs avec d'autres personnes. Si votre question concerne des perspectives professionnelles, on retiendra que celles-ci seront au final gouvernées par vos sentiments plus que par votre raison. Si votre question concerne des problématiques familiales, cette carte en réponse s'avère apaisante et renforce positivement le climat entre les personnes. Globalement, cette carte marquée par la notion de groupe est très positive si votre question fait intervenir d'autres individus, le résultat intéressant ou non d'une association, etc.

En synthèse, la carte Famille prédit sur le long terme l'importance des relations affectives avec les autres, les proches, la famille mais aussi ceux avec qui vous vous partagez certaines valeurs et certains centres d'intérêt… Si vous avez obtenu une réponse favorable à votre question, la carte Famille amène une note de douceur supplémentaire bien appréciable si, au contraire, les cartes sorties n'allaient pas dans le sens que vous désiriez…

* * *

N° 29 ▸ AMOR

Description et sens général

Cette cinquième carte de la série vénusienne est une des plus appréciées et des plus espérées lorsqu'on réalise un tirage sur une question d'ordre sentimentale. Amor en latin signifie bien sûr amour et représente, comme son nom l'indique, le sentiment très intense éprouvé par une personne pour une autre, englobant la tendresse, l'attachement et l'attirance physique. Pour l'illustrer, Edmond a réalisé un dessin magnifique. Deux cœurs sont unis et entourés d'une couronne de fleurs. Au premier plan, nous trouvons une colombe, les ailes largement déployées qui semble porter l'ensemble. Les deux cœurs desquels s'échappent de légères fumerolles représentent la haute qualité du sentiment amoureux qui préside à cette carte. Ils sont chauds, bouillants même : nous ne sommes pas loin de la Passion, carte que nous trouverons un peu plus loin dans l'Oracle de Belline en lieu et place de la trente et unième carte. Mais, à ce stade, l'amour est noble, pur, spirituel, à l'image de cette colombe qui symboliquement a toujours représenté la paix et pour les chrétiens, l'Esprit Saint. Point de dispute ou de violence encore, juste un sentiment d'amour développé, apportant la joie, le bien-être, l'épanouissement…

En vrac : mots-clés, synonymes, significations

Amor ➔ amour, sentiment heureux, attachement sentimental, force affective, paix, joie, bonheur, protection, sincérité, émotions plaisantes, etc.

Dans un tirage en croix

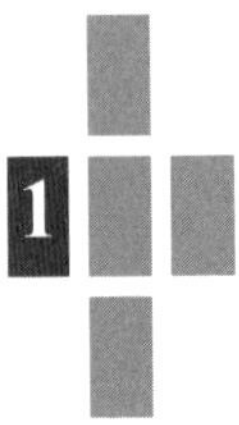

La carte Amor dans cette première position est très positive et amène beaucoup de sérénité dans la situation initiale que vous vivez. Vous apparaissez plutôt épanoui, détendu et certainement entouré de « bonnes ondes » pour affronter l'avenir et les difficultés susceptibles d'être rencontrées. Cette carte, très connotée, prend tout son sens si la question posée est en relation avec la vie amoureuse ; dans ce cas, elle révèle une relation actuelle sincère et harmonieuse ou, si vous êtes à la recherche de l'âme sœur, la présence d'une personne non loin de vous qui secrètement vous désire… Quoi qu'il en soit, vous semblez être une personne aimée et respectée pour sa franchise et ses nombreuses qualités humaines. Vous avez les atouts pour avancer dans la vie et vous y épanouir naturellement.

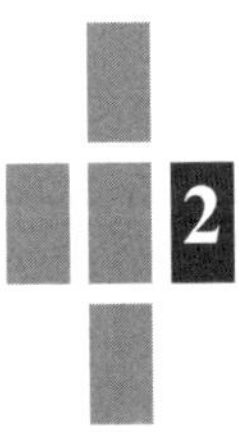

La carte Amor dans la position des obstacles est très problématique si votre question concerne l'avenir d'une relation amoureuse par exemple. Car, à cette place, Amor exprime clairement un manque affectif ou un amour qui n'est pas vraiment sincère. Très clairement, cette carte vous indique que vous n'êtes pas aimé à votre juste valeur à moins que ce ne soit vous-même qui ne sachiez pas vous faire aimer suffisamment. Quoi qu'il en soit, cette carte vous révèle dans un manque d'amour, un manque d'estime de soi… Dans le registre professionnel, cela se manifestera par un manque de reconnaissance, une absence de soutien et une tendance, de la part du consultant, à se dévaloriser, à ne pas se faire confiance. D'une façon générale, cette carte exprime un bien-être et un épanouissement qui demeurent inaccessibles. Allez regarder la carte de la position du conseil qui vous indiquera quoi faire.

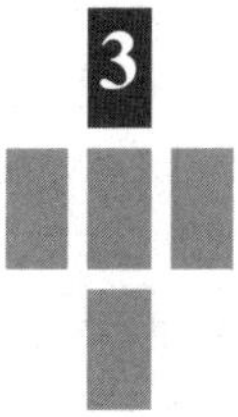

La carte Amor dans la position du conseil est une invitation forte pour aller vers les autres, communiquer, dialoguer, échanger et… tomber amoureux ! En fonction de votre question, il faut bien entendu nuancer cette carte très connotée et voir que, sur le plan professionnel, par exemple, il convient de chercher votre plaisir et votre épanouissement davantage que l'argent ou la reconnaissance sociale. Dans le registre des relations de cœur, cette carte exprime la beauté des sentiments amoureux qui sont à portée de main. Si vous vivez une relation actuellement, cette carte, sans annoncer le dénouement de la quatrième, représente tout de même une excellente énergie entre votre partenaire et vous. Si vous êtes à la recherche de l'âme-sœur, Amor vous signale que la rencontre ne devrait plus être très loin et qu'il faut, pour cela, provoquer votre destin !

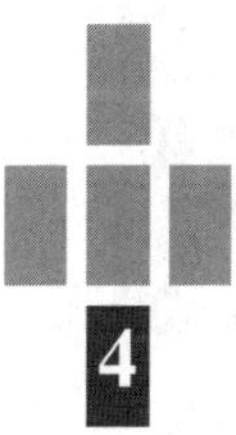

Amor, dans la dernière position, est une carte excellente si votre question concerne un sujet sentimental, amical ou même familial. L'énergie très noble que représente le sentiment amoureux peut se décliner selon la question que vous avez posée et représenter l'harmonie des relations entre les gens, l'excellente entente, la complémentarité, la fécondité, la créativité, etc. Si le sujet de votre question est l'avenir avec votre partenaire actuel, vous pouvez franchement espérer une continuation constructive. De même, si vous recherchez l'âme-sœur, Amor prédit une très belle rencontre, amenant le sourire et une énergie revigorante. Mais quelle que soit la question initialement posée, cette carte en position de réponse assure un épanouissement très large, beaucoup de plaisir, un bonheur apaisant qui fera oublier les problèmes que vous avez rencontrés.

La carte synthèse incarnée ici par Amor vous assure un avenir plus lointain très heureux et très épanouissant dans la mesure où vous aurez le sentiment de ne plus avoir aucun souci. Cela ne signifie pas que tout sera réglé, mais le vécu qui sera le vôtre, plus tard, amènera beaucoup de félicité à même de vous faire oublier les problèmes initialement rencontrés. Si la réponse à votre question ne s'est pas révélée très positive, cette carte Amor amène alors l'apaisement et représente la promesse de jours meilleurs.

* * *

N° 30 ▸ LA TABLE

Description et sens général

Cette avant-dernière carte vénusienne est sans doute celle, dans toute la série, qui exprime le plus l'idée de convivialité et de partage. Car la Table, en effet, évoque instantanément le thème du repas et, par extension, la fête, le plaisir de manger et de partager la bonne chair.... De quoi ravir les bons vivants, les épicuriens, tous ceux qui apprécient les bonnes choses. Mais la Table exprime aussi le concept d'équilibre puisqu'il s'agit d'un objet généralement volumineux qui trône massivement sur ses quatre pieds dans une salle à manger... Usuellement on s'y met tous autour pour partager, non seulement de bons mets, mais aussi pour dialoguer, discuter, se mettre d'accord, le tout dans une ambiance amicale de bonne humeur.

Sur le dessin, nous voyons une grande amphore et deux coupes plus petites. Leurs fonctions sont celles de contenir de l'eau ou, plus probablement, du vin comme cela était le cas chez les Romains par exemple – les innombrables fouilles archéologiques ont montré qu'ils stockaient cette boisson dans ce genre de récipient en terre cuite. La coupe est un symbole important, absolument essentiel chez les Chrétiens puisque le Christ, au moment de la Cène, bénit une coupe de vin avant de la faire partager à ses disciples en disant « ceci est mon sang ». Le mythe du Graal repose sur cette légende qui dit que le sang du Christ, mort sur la croix, aurait été recueilli dans ce calice par Joseph d'Arimathie inspirant ensuite toutes sortes de légendes... Le principal étant celui que la personne, buvant à cette coupe, était assurée d'une vie éternelle. Mais nous sommes là dans l'univers du symbole et du sacré, cher à certains auteurs comme Dan Brown qui peut-être vous aurait déclaré que la présence de ces trois réceptacles particuliers – la forme caractéristique d'une coupe rappelle le bas-ventre d'une femme, le réceptacle de la vie – confère à la carte la Table une énigmatique ambiance de féminin sacré...

En vrac : mots-clés, synonymes, significations

La Table ➔ Convivialité, partage, fête, réception, invitation, et, par extension, partages, dialogues, échanges relationnels avec le monde...

Dans un tirage en croix

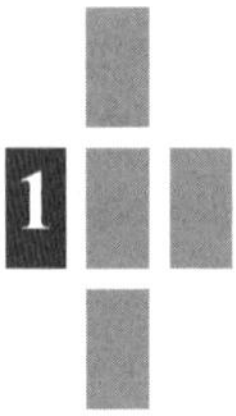

La Table qui apparaît en première position donne, comme premier aspect à l'interprétation de la réponse, un sentiment de détente et de convivialité. La Table évoque les partages amicaux, les bons moments passés à plusieurs, les rencontres et la vie relationnelle. Ce sont aussi bien les retrouvailles familiales que les discussions affectueuses entre des personnes qui s'apprécient sincèrement, sans arrière-pensées. Par rapport à la question que vous posez, il faut voir dans cette carte la distraction et la tranquillité qu'elle inspire, qui donne de bonnes énergies pour réaliser les projets ou dénouer les problèmes. Si votre question concerne précisément la relation avec d'autres personnes ou quelqu'un de précis, on verra dans cette carte de bons auspices qu'il faudra espérer voir confirmer avec les cartes positionnées ensuite.

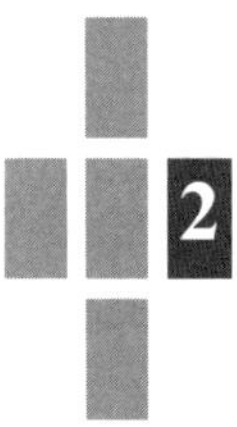

La carte la Table, positionnée dans les difficultés, évoque tous les problèmes liés à la détente, au bien-être, mais aussi à la convivialité qui est ici absente. Cette carte peut suggérer que les relations avec les autres ne sont pas très bonnes ou tout simplement insuffisantes ; des problèmes de confiance sont à craindre, des tensions sont possibles, bref, c'est une ambiance aux antipodes de la détente et des bonnes relations. Peut-être manquez-vous d'élan et d'ouverture aux autres ? Ou alors, vous demeurez crispé et dans l'incapacité de faire confiance aux gens, accréditant de la vérité à toutes vos suspicions paranoïaques ? Si votre question concerne un problème de relation sur un plan amoureux ou même sur un tout autre plan, cette carte peut marquer un vrai problème de dialogue, d'écoute et d'échange : rien ne se passe favorablement. Il faut espérer trouver une troisième et une quatrième cartes bien plus positives pour contrebalancer ce deuxième aspect de l'interprétation.

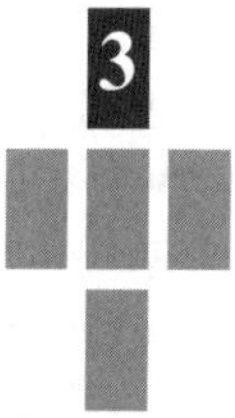

La Table, qui apparaît dans cette position de conseil, vous suggère de faire preuve de sympathie, de détente et de convivialité notamment, bien sûr, si votre question concerne une ou des relations avec les autres. Vous devez vous montrer avenant, chaleureux, charismatique, à l'écoute et plein de sollicitude. Ne restez pas introverti et soyez tout simplement détendu, au moins autant que si vous partagiez un bon moment avec vos meilleurs amis. Quelle que soit votre question, il faut adopter cet état d'esprit affable, bienveillant et aller vers les autres. Ainsi, dans le registre professionnel, on vous conseillera de dialoguer davantage avec vos collègues, de sourire, de plaire, y compris auprès de ceux qui vous énervent… Sur le volet de la vie amoureuse, là encore, il s'agira de passer plus de temps détendu avec votre partenaire en évitant les réunions de travail laborieuses qui dévorent tout votre temps…

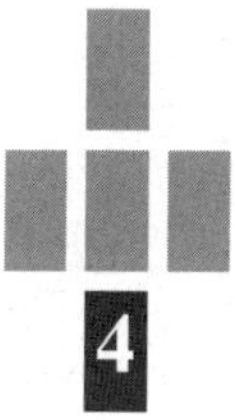

La Table qui apparaît dans la position de réponse est d'un augure favorable quelle que soit la question que vous posez. Carte vénusienne évoquant les douceurs, le plaisir, un certain bien-être, elle n'annonce rien de désagréable. Ainsi, si votre question concerne la crainte d'un événement particulier ou, s'il s'agit d'un conflit entre personnes, il faut voir dans cette carte l'apaisement des peurs et la résolution des problèmes. La Table représente un grand moment de convivialité, en dehors de toute difficulté particulière. Toutefois, on observera que cette carte n'est pas dotée d'un grand dynamisme ; elle n'annonce aucun grand changement, aucune modification particulière. Selon votre question, il faut interpréter cette carte avec le contexte « festif » qu'elle représente, y voir des perspectives de rencontres relationnelles diverses et variées, des moments de partage sincères et amicaux…

La Table, en position de synthèse, indique un déroulement de l'avenir plus lointain favorable et tranquille, en relation avec la convivialité qu'elle représente. De bons moments seront à prévoir, des rencontres, des fêtes, des moments agréables qui vous feront oublier les soucis et les problèmes, surtout si vous avez obtenu une réponse défavorable à votre question…

* * *

N° 31 ▸ PASSIONS

Description et sens général

Cette dernière carte de la série vénusienne est sans doute la plus vive et la plus mouvementée de toutes… probablement annonce-t-elle la série qui suit, celle des cartes martiennes, battantes et instinctives. Nous n'y sommes encore pas, mais déjà une ambiance énergique se mêle au doux parfum de Vénus et de ses plaisantes délicatesses.

Car qu'est-ce que la passion ? Pour les rares qui l'ignorent, le dictionnaire nous apprend qu'il s'agit d'une émotion puissante, parfois violente, dominant souvent la raison et qui mène l'être vers ce qu'il désire de façon impétueuse.

L'illustration d'Edmond est très parlante : deux cœurs, enflammés et transpercés d'une flèche chacun, s'élèvent au-dessus d'un coq. Cet animal, annonciateur du lever du soleil possède deux réputations : celle d'être agressif en tant que roi de la basse-cour et celui concomitant d'une disposition permanente à l'accouplement !

Dans cette 31e carte, nous avons donc le sentiment d'amour poussé à son paroxysme, la Passion, belle et brûlante, piégeuse et douloureuse, énergique et sexuelle... Un mélange épicé ne laissant pas indifférent, capable de relever les plats les plus fades et de provoquer une indigestion chez ceux qui en abusent !

En vrac : mots-clés, synonymes, significations

Passions ➔ Grande énergie peu ou mal canalisée, grande créativité mais manque de maîtrise dans ce qui est dit ou fait, emballement, emportement, amour irraisonné qui se consume vite, risque d'émotion et de sentiment dangereux...

Dans un tirage en croix

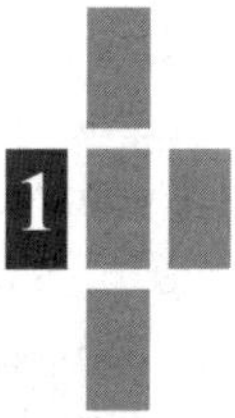

Avec cette première carte qui porte le nom Passions, on peut tout naturellement supposer que vous êtes passionné par la question que vous posez. On imagine qu'il y a dans votre problématique un enjeu de taille qui ne vous laisse pas indifférent et suscite en vous des émotions, des sentiments et des réactions peut-être un peu excessifs, pas toujours très canalisés et peut-être pas très raisonnables. On en conclut que vous avez beaucoup d'énergie, que ce qui vous motive dans cette question vous tient véritablement à cœur au point que, si vous ne parvenez pas à vos objectifs, vous vivrez une grande déception. L'élément positif à retenir est que vous disposez d'une grande créativité, d'une énergie abondante qu'il faudra probablement apprendre à structurer.

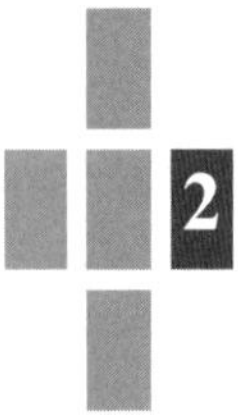

Par rapport à votre question, vous devez vous méfier de vos réactions et attitudes passionnées. On pourrait vous reprocher une manière d'être, de penser ou d'agir très instinctive, pas vraiment réfléchie et sans doute très excessive. Méfiez-vous de vos désirs égoïstes, de vos projets personnels élaborés dans la passion et non avec la raison. Dans une relation amoureuse, vous pourriez être possessif ou attaché à votre partenaire d'une mauvaise façon. Sur le registre professionnel, faites attention à vos réactions et à vos attitudes qui pourraient sembler passionnées et, pour le coup, mal vues de la part de vos collègues ou de vos supérieurs… Il faut sans doute mieux canaliser vos énergies, raisonner ce qui paraît parfois irréaliste, hiérarchiser les priorités et cesser de foncer dans le tas… Un peu plus de cerveau et un peu moins de tripes !

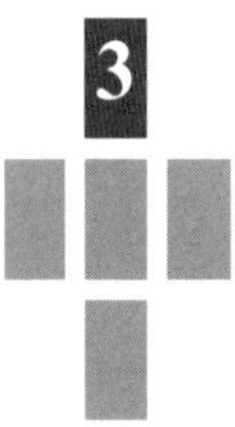

Passions dans la position du conseil est la suggestion d'avancer dans vos projets avec davantage de rapidité et d'instinct que de réflexion et de tergiversation. Il s'agit de faire confiance à ce que vous ressentez et à ce qui globalement vous fait plaisir et vous emplit de bien-être. Dans une relation amoureuse qui piétine, il conviendrait, par exemple, de vous lancer et de déclarer votre flamme si vous n'osez encore le faire. Pour un couple déjà établi, il s'agirait de renouer avec la passion, de mettre un peu de piment dans un quotidien devenu, avec les années, un peu terne. Cette carte est le registre des émotions et des sentiments instinctifs qu'il vous faut suivre sans vous faire dominer par eux ! Difficile certes, mais de réelles avancées sont possibles. Développez votre créativité, faites confiance au grain de folie qui sommeille en vous et osez ce que votre raison vous limite de faire en temps normal !

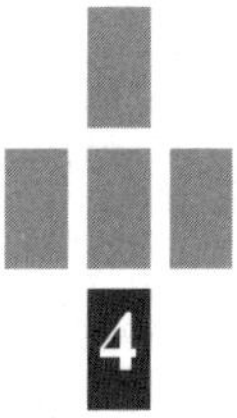

Cette carte en réponse peut être pleine de contradictions. Elle semble vous indiquer une réponse qui va dans le sens de ce qui vous fait plaisir et de ce qui suscite en vous la passion mais, comme chacun sait, la passion est rarement durable ! Elle ressemble à un feu de paille, magnifique et ardent mais un feu qui se consume très vite. La passion peut aussi être la cause de certains conflits, de certaines difficultés car il s'agit d'une émotion brute, animale et non cérébrale, pas toujours bien saisie par les autres. Par rapport à votre question, la réponse est, de prime abord, positive et favorable, mais il faut la relativiser en se disant que ce bon sentiment ou ces bons événements seront peut-être remis en cause plus tard, alors que vous ne l'imaginez pas et précisément là où vous ne l'attendez pas… Dans ces conditions de réponses, la cinquième carte vous montrera clairement dans quelle direction capitale évoluera cette passion ; modération et sagesse ou déséquilibre et problème ?

La carte des Passions en synthèse vous indique de grands moments d'émotions pour l'avenir plus lointain. Elle apporte une grande note d'énergie au reste de votre tirage. On appréciera cette carte si celui-ci n'était pas très dynamique ; le futur lointain apparaît plus intéressant, plus mouvementé et plus vivant…

LA SÉRIE MARTIENNE

Cartes 32 à 38

Mars d'un point de vue astronomique

Mars est la quatrième planète du système solaire, juste derrière la Terre. Située à un peu moins de 230 millions de kilomètres de notre étoile le Soleil, la planète rouge, ainsi nommée en raison de la couleur de son sol et de son éclat dans le ciel, suscite un intérêt très important depuis quelques années. Les missions spatiales s'y multiplient et actuellement plusieurs robots explorent la surface sur quelques kilomètres carrés tandis que des sondes satellisées autour récupèrent des données et des photographies de la planète. Objectif avoué à demi-mot: savoir si Mars a abrité de la vie et s'il en abrite encore. Hypothèse parfaitement plausible, puisque l'on sait depuis peu que de l'eau a certainement coulé en grande quantité à des époques très anciennes. Eau qui semble s'être volatilisée puisqu'elle ne compose aujourd'hui que 1 % de l'atmosphère martienne extrêmement raréfiée et 100 fois moins dense que l'atmosphère terrestre. Ceci explique les amplitudes thermiques (20 °C le jour et -140 °C la nuit) qui rendent toute vie à la surface plus que difficile dans les conditions où nous les connaissons.

Mars d'un point de vue symbolique

Dès l'Antiquité, Mars a été repéré comme un astre important dans le ciel en raison de son éclat rougeoyant parfaitement distinguable à l'œil nu. La couleur rouge, couleur du sang, des braises, de la lave a toujours représenté la passion, la force, l'énergie, l'action sous toutes ses formes et c'est, bien sûr la raison qui a conduit l'association de cette planète à la divinité de la guerre : Mars pour les Romains, Arès pour les Grecs, Ziu pour les Germains, Tyr pour les Nordiques…

En astrologie, la planète Mars est considérée comme néfaste régissant les conflits et les catastrophes… Pas étonnant que l'on retrouve cet aspect dans la série martienne des cartes de Belline telles que Procès ou Accident… Facilement malheureux ou nuisible, il faut sans doute raison garder en n'oubliant pas que Mars est d'abord une représentation archétypale des instincts, de l'énergie vitale, active et masculine. En ce sens, dans les tirages en croix, au-delà des funestes interprétations, ces cartes amèneront toujours une réflexion sur l'énergie qui est en soi : est-elle suffisamment développée, n'est-elle pas en excès, faut-il se canaliser ou oser affronter les autres et affirmer sa personnalité…

N° 32 ▸ MÉCHANCETÉ

Description et sens général

Le ton est donné avec cette carte – que certains trouveront vraiment antipathique – au nom si indélicat : la méchanceté. Mars, dieu romain belliqueux, est ici clairement représenté par ce penchant à faire le mal gratuitement. On imagine qu'elle représente les sentiments, les pensées mais surtout les actes malveillants que le consultant risque de subir… À moins que ce ne soit lui-même qui agisse de la sorte…

Si le mot-clé est très clair, le dessin, en revanche, peut sembler moins évident puisqu'Edmond a représenté une lanterne et une épée. On comprend aisément la présence du second objet dans une telle carte, mais la présence d'une lanterne est plus énigmatique. Pourtant la lanterne est un objet qui dans les expressions populaires n'a pas très bonne réputation. Peut-être parce qu'elle ne confère en général qu'une faible lumière, incapable d'en produire suffisamment pour voir correctement dans l'obscurité. La lanterne se présente comme une petite et modeste lampe, généralement une boîte transparente dans laquelle on abrite une source lumineuse. Ce nom a donné naissance à des mots et expressions : le lanternier, celui qui allume les lanternes, *la lanterne rouge* qui, avant d'être l'expression du dernier du peloton, désignait, au siècle dernier les enseignes des maisons closes. *Lanterner* est le verbe qui signifiait autrefois raconter des balivernes, des mensonges, tromper, amadouer, ce qui a mené à l'expression *prendre des vessies pour des lanternes* qui signifie croire à n'importe quoi. Enfin, l'expression *éclairer la lanterne de quelqu'un* illustre le fait d'amener le savoir ou l'intelligence à un individu dont on suppose qu'il en a moins. La lanterne est donc un nom dont la portée symbolique est assez péjorative n'exprimant rien de très positif…

En vrac : mots-clés, synonymes, significations

Méchanceté ➔ Énergie d'action très instinctive, individuelle et égoïste. On pense à soi avant de penser aux autres. Agir, faire et tant pis si on déplaît… Méfiance aussi à l'égard des autres…

Dans un tirage en croix

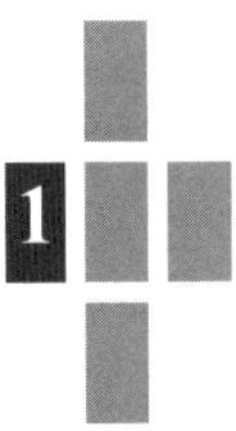

La Méchanceté comme première carte suggère que, face à votre question, vous êtes prêt à tout pour réussir, parvenir à vos objectifs, résoudre vos difficultés. Vous semblez animé d'une énergie très forte, d'une ambition que certains jugeront démesurée et, à ce propos, vous veillerez à ne pas susciter de l'animosité à votre égard. Sur un plan sentimental, vous apparaissez plus passionné et égoïste que véritablement généreux et tolérant par exemple… Votre énergie semble à fleur de peau tandis que vous ne comptez pas laisser le destin ou les autres décider à votre place.

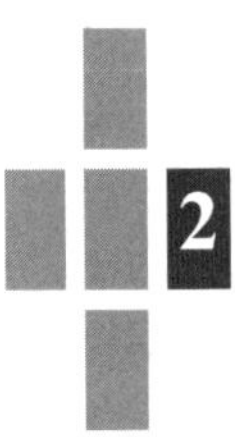

La carte Méchanceté contre vous peut suggérer que, par rapport à votre question, vous devrez faire face à des difficultés, voire à des malveillances. Sur un plan professionnel, on pourrait vous causer du tort sciemment, en parole ou en action, en médisant sur votre compte par exemple ou en établissant sur vous des rapports dévalorisants. Dans le registre affectif, ce sont peut-être des attitudes qui vous font souffrir et que vos proches ne peuvent s'empêcher d'avoir... Mais cette carte peut également révéler que votre comportement à vous n'est pas juste ou loyal. Avant d'imaginer que la terre entière vous en veut, interrogez-vous sur vos véritables intentions et sur vos ambitions personnelles, car peut-être que vous aussi, sans le vouloir, vous avez été méchant et que la solution à vos difficultés réside dans l'amélioration de vos attitudes...

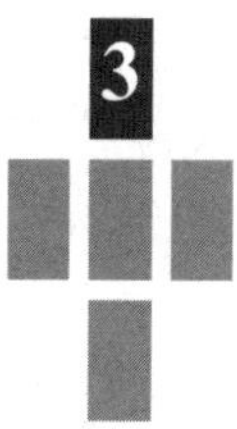

Pensez-vous que la carte Méchanceté en conseil vous encourage à faire le mal sciemment autour de vous, partout ou vous passez, sans vergogne ? Ce serait un bien piètre raccourci de ne conseiller que cela. Car Méchanceté est, d'abord et avant tout, une carte d'action, d'énergie et d'entreprise. Avec cette puissante force martienne, il faut agir mais effectivement, agir en pensant à soi, de façon individuelle sans se laisser manipuler ni influencer. Pour un consultant qui manque de confiance en soi, il s'agit clairement de s'affirmer, de ne pas se laisser faire envers et contre tout. Dans le monde du travail notamment, peut-être faut-il montrer une plus grande ambition, une énergie plus large, un caractère moins souple et docile, quitte à être mal perçu par vos collègues...

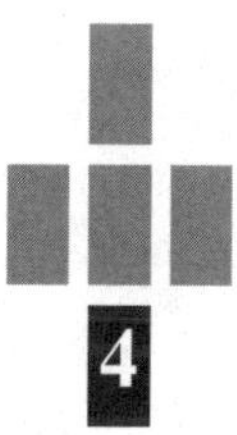

La Méchanceté en réponse apporte une certaine ambivalence. D'un côté, cette carte forte énergétiquement amène de l'action et des événements, ce qui est relativement positif pour un consultant qui attend que sa vie bouge ou que sa situation se décante, mais, de l'autre, des contrariétés concomitantes qui semblent incontournables. C'est donc une réponse à double tranchant qui, par exemple, évoque pour un couple une certaine passion, mais aussi plein de tensions et de comportements désagréables à subir de part et d'autre. Dans le monde du travail, c'est l'idée d'avancer dans un monde régi par la loi de la jungle dans laquelle survivent les plus forts et pas toujours les plus justes… Il faut se battre pour arriver à des résultats, ne pas avoir peur de subir des difficultés…

En synthèse, cette carte modère cruellement les bonnes réponses obtenues en annonçant quelques turpitudes désagréables dans l'avenir plus lointain. Il faudra vous méfier des intentions de ceux qui vous entourent au travail comme dans la vie familiale ; ce n'est pas un destin funeste qui vous attend à terme, mais quelques désagréments relationnels ou des événements autour de vous qui vous donneront le sentiment d'avoir des bâtons dans les roues…

* * *

N° 33 ▸ PROCÈS

Description et sens général

Après la Méchanceté, la carte précédente, nous voici avec le Procès. Évoquant les idées du conflit, de l'opposition, des difficultés, nous avons la confirmation de nous trouver ici avec les cartes martiennes. Dieu guerrier, agressif et puissant, il ne faut pas être surpris par ces cartes qui doivent d'abord se percevoir sous l'angle du dynamisme et de l'action avant de s'interpréter trop facilement de manière manichéenne comme quelque chose de malheureux et nuisible.

Car Procès qui rappelle évidemment le tribunal et les décisions qui s'y prennent, toujours graves et souvent difficiles pour au moins une des deux parties, peut symboliser l'opposition, les débats, la nécessité de prendre des décisions ce qui, en soi, n'est pas toujours aisé ni quelque chose de systématiquement dramatique.

Il faudra donc éviter, avec une carte aussi chargée, de toujours conclure qu'un problème judiciaire va survenir dans la vie du consultant dès qu'il tire cette carte. On imaginera plutôt que des questions et des problématiques seront débattues, que des conclusions seront ou devront être tirées. Certes, cela aura toujours l'air de se passer de manière austère et sérieuse mais cela aura toujours le mérite, comme Mars sait si bien le faire, de permettre aux événements d'avancer…

En vrac : mots-clés, synonymes, significations

Procès ➔ Décision, opposition, antagonisme, débat, litige, la justice, le fait d'adopter une conduite, de prendre des résolutions, de faire des choix importants…

Dans un tirage en croix

Voici la carte Procès qui vous représente face à votre question. Elle peut évoquer l'idée que vous traversez une période difficile sur un plan judiciaire comprenant des risques de condamnation et autres désagréments de ce genre mais, mise dans le contexte de votre question, cette carte a de bonnes chances de simplement suggérer que vous êtes en conflit avec vous-même ou avec des personnes sur le sujet de votre question. Et conflit est probablement un grand mot ; on peut imaginer que d'importantes questions se posent, des indécisions se trouvent présentes, une nécessité de trancher et de décider s'impose mais, pour l'instant, ce qui apparaît, est le problème que vous semblez dans l'incapacité de le faire… Ce qui provoque une crispation intérieure et des difficultés pour avancer dans la question que vous posez. Sur le plan professionnel, ce peut être une opposition de points de vue avec un associé ; dans le registre sentimental, votre conjoint(e) qui ne partage pas les mêmes aspirations amoureuses que vous… Enfin cette carte forte, gouvernée par Mars, suggère que vous avez des ressources pour avancer, pour prendre les décisions qui s'imposent et tant pis si cela n'est pas facile…

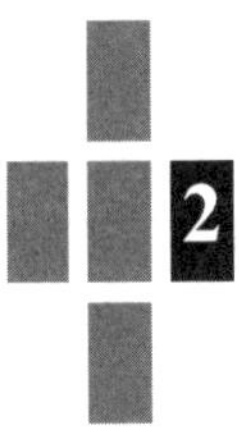

La carte Procès dans la position des difficultés suggère d'importants problèmes dans les discussions et les décisions qui doivent être prises. Cette carte, à cet endroit, peut vraiment suggérer une situation très conflictuelle dans laquelle un compromis pourtant indispensable peut vraiment être difficile à trouver. Vous devez faire preuve de maturité, d'ouverture d'esprit et d'une vraie volonté de conciliation si vous ne voulez pas rester bloqué dans une tension rude et austère. Dans le monde du travail, cette carte montre des désaccords importants, des oppositions en tous genres qui se traduisent en vous par un malaise inévitable. Et il en est de même sur le registre affectif où cette carte révèle un profond désaccord, un manque d'initiatives communes, des idées dispersées qui ne se rassemblent pas. Enfin, cette carte vous demande de vous interroger sur vous-même afin de voir si vous n'êtes pas, vous-même, tout seul, dans une indécision maladive qui vous empêche d'avancer dans les projets que vous formez…

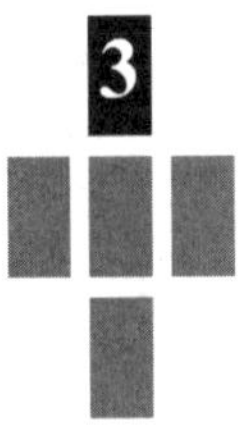

Bien sûr, la carte Procès pourrait suggérer que vous devez entreprendre une action en justice pour avancer dans vos projets. Ce serait une vision quelque peu simpliste, car cette carte peut simplement suggérer qu'il faut trancher et prendre sérieusement, une bonne fois pour toutes, des décisions, des résolutions, un engagement, quelque chose se révélant irrévocable ensuite mais qui, bien sûr, peut prendre des allures austères et difficiles. Mais cette carte vous invite aussi à ne pas vous laisser faire, à affirmer votre personnalité pour arrêter de subir et votre manque de confiance. Il faut vous extérioriser et tant pis si cela déplaît et que vous devez vous confronter à un point de vue contraire, une idée autre. Le débat fait toujours avancer et, s'il se transforme en lutte, dites-vous que vous en sortirez, de toute façon, grandi. Par rapport à votre question, agissez, soyez combatif, montrez-vous exigeant avec vous-même en balayant les incertitudes intérieures et en affichant une fermeté de caractère.

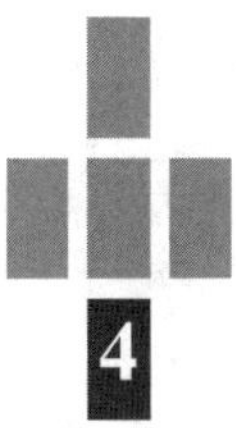

Procès en réponse vous annonce des difficultés et des oppositions. Opposition de personne, mais opposition aussi avec vous-même si vous manquez de confiance en vous et n'êtes jamais franchement sûr de ce que vous faites… Par rapport à votre question, cette carte suggère quelques contrariétés qui évoquent l'idée que vos projets peuvent tout de même se réaliser mais avec quelques éléments qui vous laisseront dubitatif. C'est une réponse en demi-teinte que vous fait cette carte Procès. Globalement, les choses avancent à peu près dans le sens que vous espérez, mais des événements perturbateurs peuvent surgir ; des personnes peuvent chercher à vous bloquer… Soyez vigilant ; l'équilibre que vous parviendrez à atteindre sera probablement léger ou instable, restez toujours affirmé, sûr de vous si vous voulez atteindre les objectifs que vous vous êtes fixés.

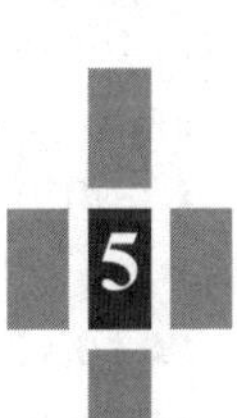

La carte Procès qui survient en synthèse laisse dubitatif et elle a de quoi. Évoquant les conflits, les tensions, les oppositions et les indécisions, cette carte montre que votre sens des responsabilités sera mis en exergue, à plus long terme, pour prendre les décisions qui s'imposent, pour faire les choix en dépit des oppositions que vous rencontrerez. Il faudra vous montrer affirmé et sûr de vous, en accord avec vous-même pour ne pas sombrer dans l'inconfort du manque de confiance, submergé par les points de vue des autres ou stoppé par les gênes extérieures…

* * *

N° 34 ▸ DESPOTISME

Description et sens général

Cette troisième carte martienne est une des plus difficiles de la série dans le symbole qu'elle représente puisque Despotisme est, d'abord et avant, tout le régime politique dans lequel tous les pouvoirs sont détenus par une seule personne. Régime totalitaire, privant de liberté ceux vivant sous l'autorité du tyran, le sentiment fatal d'être dominé est omniprésent dans cette carte. Le dessin d'Edmond est tout à fait représentatif puisqu'il montre un personnage debout dont les poignets sont lourdement enchaînés à un pieu. Largement dénudé, la tête baissée, le regard abattu et fermé, cet homme est privé de liberté, soumis à une autorité bien plus forte que lui contre laquelle il ne peut rien. Faisant le sacrifice de sa vie, cette carte est imprégnée d'un sentiment négatif de tristesse et de grande passivité. Les mains liées, cet homme ne peut rien faire, rien entreprendre ; il semble résolu à accepter son sort, dans l'incapacité à se rebeller, prêt à tout accepter et vivre son sort. Cette carte peut rappeler deux lames du Tarot de Marseille. D'abord la lame XII, le Pendu qui représente un homme suspendu par un pied, forcé à demeurer immobilisé et, bien sûr, la lame XV, le Diable, qui illustre les rapports de domination-soumission. Dans la carte Despotisme, on retrouve l'idée de blocage lié à une force majeure contre laquelle on ne peut lutter…

En vrac : mots-clés, synonymes, significations

Despotisme ➔ Soumission, blocage, passivité, incapacité d'action, sacrifice, obligations de toutes sortes, poids à traîner, impossibilité d'avancer, etc.

Dans un tirage en croix

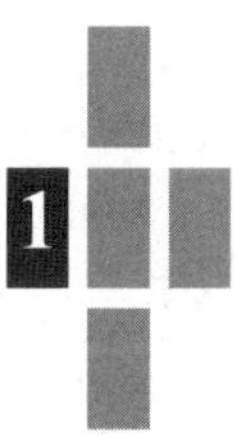

La carte Despotisme qui vous représente illustre une situation présente compliquée et certainement difficile à vivre. Il y a l'idée que vous vivez peut-être dans un climat de conflit ou de gênes très importantes contre lesquelles vous avez beaucoup de mal à lutter. Sur un plan sentimental, cela pourrait s'illustrer par un rapport de force très important entre vous et votre partenaire, vous plaçant dans le rôle du dominé qui se laisse écraser. Dans le registre professionnel, ce sont peut-être des contingences lourdes et complexes qui vous mobilisent et vous privent de liberté. À moins que cela ne soit vos collègues de travail qui se déchargent sur vous ? D'une façon générale, cette première carte montre que, par rapport à votre question, vous subissez les événements et les problèmes bien plus que vous ne les maîtrisez. Votre enjeu sera probablement de comprendre comment inverser la tendance et sortir de ce qui aujourd'hui est, bel et bien, une impasse.

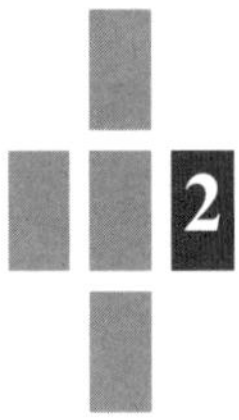

Cette carte Despotisme présente contre vous peut s'interpréter de deux manières très différentes en fonction du point de vue que l'on adopte. D'abord elle peut suggérer que vous subissez une force de domination qui vous accule et bloque toutes les initiatives, les projets et les idées que vous avez. Rien ne peut avancer pour vous et il faudra une force colossale pour contrecarrer cette énergie négative qui joue contre vous. Mais la subtilité de cette carte réside dans le fait que c'est peut-être vous qui vous comportez en despote et amenez simultanément un blocage dans votre vie. Par rapport à votre question, vous vous comportez peut-être comme quelqu'un de beaucoup trop sûr de vous, empli d'une force de caractère qui, insidieusement, se retourne contre vous parce que vous bloquez les autres autour de vous. Faites donc le point sur les énergies qui circulent autour de vous et adoptez une attitude plus modeste, plus tranquille…

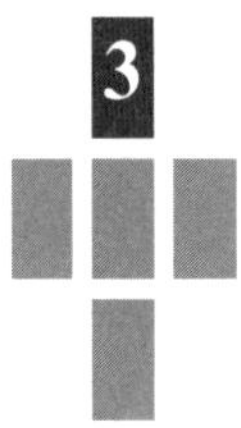

La carte Despotisme qui intervient dans la position du conseil ne préconise pas de grandes avancées, de grands bouleversements! Cette carte martienne d'énergie vive et puissante amenant le blocage et l'obstruction peut suggérer de ne pas agir, d'attendre plutôt que d'entreprendre, de se résigner plus ou moins en espérant une période à venir plus favorable comme si pour vous, pour l'instant, tout était bloqué quoi qu'il arrive. C'est, en quelque sorte, une carte qui propose de sacrifier un peu vos projets, vos idées, pour probablement rebondir d'une autre façon plus tard. Quoi qu'il en soit, il semble que, quoi que vous ayez envie de faire, les obstacles seront nombreux et sources de découragement. À moins de faire preuve d'une énergie colossale, en vous appropriant celle de cette planète Mars, belliqueuse et puissante, en devenant vous-même le tyran excessif et sans limites suggéré par la carte, il ne semble pas possible de faire bouger les choses.

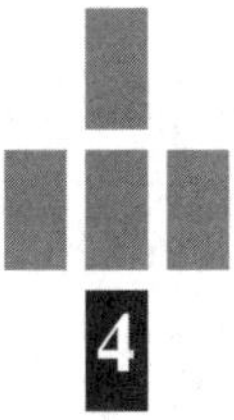

Despotisme en réponse est annonciateur de blocages, de difficultés à avancer, à réaliser, à bouger… Vu le dessin sur la carte, on comprend que, à l'image de cet homme enchaîné à un pieu, l'immobilité est de mise. Si votre question concerne la possibilité ou non de faire un voyage ou de déménager par exemple, la réponse n'ira pas du tout en ce sens. Mais quelle que soit la question initialement posée, Despotisme ne prédit pas grand-chose d'autre que le fait que le consultant subira beaucoup plus les événements extérieurs qu'il ne les créera. Un manque de liberté et une sensation de sacrifices l'emporteront. Il faudra donc prendre sur soi, être patient, se montrer flegmatique et ne pas se ronger intérieurement. Cette carte permet de travailler sur soi en matière de lâcher-prise et de recul… Un peu de courage et lisez ce que la cinquième carte peut vous annoncer sur le futur plus lointain.

En position de synthèse, la carte Despotisme montre un avenir plus lointain qui se révélera laborieux et nécessitera de votre part un grand lâcher-prise. Car, manifestement, le déroulement des événements, par rapport à votre question, vous amènera la sensation de perdre plus ou moins votre liberté de pensée et d'action. Le rythme de vie, les circonstances extérieures seront plus ou moins contre vous et il faudra de la patience d'une part et beaucoup d'énergie d'autre part pour contrecarrer cet auspice…

* * *

N° 35 ▸ ENNEMIS

Description et sens général

En plein cœur de la série Martienne, la trente-cinquième carte de l'Oracle de Belline demeure bien dans le ton en densifiant toute l'énergie réputée tendue et belliqueuse de la planète rouge. Voici donc venue la carte Ennemis qui semble faire écho aux cartes précédentes notamment la n° 32, Méchanceté puisque, après l'avoir subie, nous avons en quelque sorte avec cette carte, les désignés responsables. Du latin inimicus, l'ennemi définit celui qui cherche à nuire à quelqu'un. Avec la marque du pluriel, nous constaterons qu'il peut y en avoir plusieurs. Mais dans le monde particulier des arts divinatoires, il convient de toujours interpréter les notions qui apparaissent, avec la subtilité du sens symbolique. Avant de s'écrier que quelqu'un veut faire la peau du consultant, en voyant surgir cette carte dans un tirage, on imaginera donc que le serpent du dessin peut aussi représenter, non seulement des personnes, mais toutes sortes de situations à même de ralentir et de dresser des obstacles sur sa route. Ennemis pourra ainsi figurer tous les imbroglios administratifs qui nous noient véritablement lorsque l'on entame des démarches complexes par exemple, bien qu'elle représentera également parfaitement des individus sur lesquels vous comptez et qui n'y mettent absolument pas du leur !

Pour imager cette carte, Edmond a représenté une épée autour de laquelle s'enroule, de la garde jusqu'à la pointe, un épais et vilain reptile de la classe des ophidiens, alias les serpents. Il est pourvu d'une langue taillée en forme de flèche et rappelle l'expression « langue de vipère » pour désigner une personne médisante qui « pique » ses victimes. Le serpent est un de ces animaux au symbolisme tellement étendu qu'un livre ne suffirait pas à compiler ses nombreuses significations. Dans quasiment toutes les civilisations précolombiennes par exemple, il était respecté et déifié, considéré comme un animal puissant et sage. Mais, dans la culture chrétienne dans laquelle baigne l'Oracle de Belline, le serpent est bien entendu la représentation du mal, le diabolique tentateur du jardin d'Éden, celui qui parvint à convaincre Ève de goûter au fruit défendu. Enfin, l'épée est bien entendu l'arme d'attaque et de défense indispensable pour affronter ses ennemis. L'épée est aussi celle qui juge, celle qui tranche pour partager, comme faillit le faire le roi Salomon au Xe siècle avant Jésus-Christ, en proposant, afin d'être équitable, de trancher en deux un nourrisson que se disputaient deux prostituées. Pour la petite histoire, cette ruse permit au Roi d'identifier la véritable mère de l'usurpatrice, en observant leurs réactions à cette mortelle suggestion de partage.

En vrac : mots-clés, synonymes, significations

Ennemis ➔ contexte de difficultés importantes, ambiances défavorables, problèmes relationnels avec des personnes, soucis de communication, bâtons dans les roues…

Dans un tirage en croix

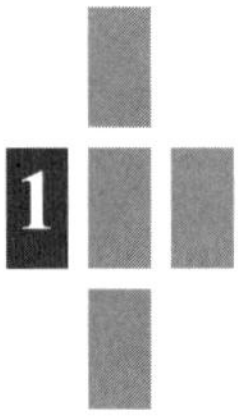

Voici la carte Ennemis qui vous représente par rapport à votre question. Cette carte, apparemment difficile, suggère que vous êtes motivé à réussir vos projets, suite à d'importantes contrariétés vécues avec des individus autour de vous. Des soucis relationnels et des oppositions fortes avec des personnes semblent vous pousser à agir dans les directions que vous choisissez, dans les résolutions que vous prenez. Vu de l'extérieur, vous donnerez le sentiment d'avoir connu de nombreuses difficultés, des revers et des obstacles qui auront tout de même eu le mérite de vous forger le caractère et d'affirmer vos convictions. Aujourd'hui, face à l'adversité, vous savez que vous pouvez lutter et, malgré tout, tenir. Mais il faudra tout de même espérer trouver des cartes plus faciles dans les positions suivantes du tirage, car, si vous restez avec le même niveau de difficulté ensuite, il faudrait craindre, à terme, et malgré toute votre bonne volonté, un épuisement de vos ressources.

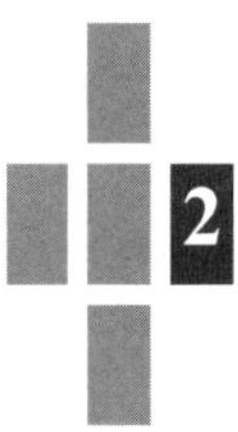

La carte Ennemis dans cette position figure d'importantes difficultés précisément liées à des personnes. On peut s'opposer à vous, chercher à vous nuire, trahir votre confiance. Quoi qu'il en soit, cette carte, à cette place, figure des menaces qui planent sur vous, des dangers potentiels qui ne doivent pas être pris à la légère. Selon votre question, il faut peut-être vous méfier et ne pas accorder votre confiance aux employés qui travaillent sous vos ordres ou aux futurs associés qui vous promettent monts et merveilles. Dans un registre amoureux, Ennemis peut figurer une rivalité avec une tierce personne, en dehors de votre couple ou un problème de couple directement lié à une confiance trop élastique. Quelle que soit vraiment votre question, il faut retenir de cette carte un ensemble de dangers pesants comme autant d'épées de Damoclès.

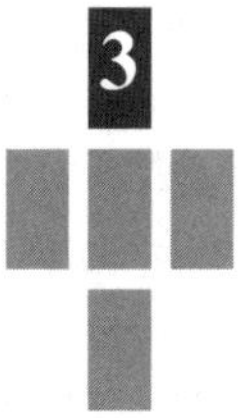

La carte Ennemis présente en position de conseil ne vous demande pas de vous mettre la Terre entière à dos en devenant l'ennemi de tous. Non, ne prenez pas le conseil de cette carte au pied de la lettre. Toutefois, cette carte très martienne peut vous proposer tout de même de vous affirmer bien davantage et d'oser affronter le regard des autres même si vous ne convenez pas. Pensez à vous, montrez les dents et croquez vos ennemis ; tel pourrait être le message de cette carte conseil.

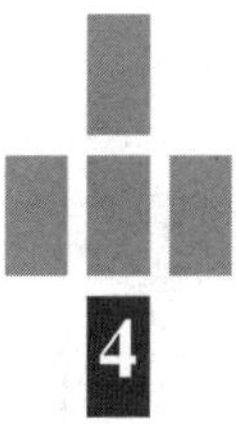

Ennemis en position de réponse est une carte problématique qui annonce un climat de difficultés et de tension. Vu le nom de cette carte martienne, elle évoque évidemment les conflits qui s'opposent entre les personnes ou carrément les malveillances qui se glissent parfois dans les relations entre les gens. Ainsi, on imaginera d'importants blocages relationnels ou des problèmes de dialogue entraînant de vastes oppositions, des retards mais surtout un climat tendu entre les individus. Selon votre question, on verra dans cette carte d'imposantes difficultés dans la construction des projets, une impossibilité totale de résoudre des conflits, une incompatibilité d'humeur et de caractère… Quelle qu'elle soit, la carte Ennemis annonce des difficultés aux allures insolubles qui peuvent toutefois être quelque peu diminuées si toutes les autres cartes sorties auparavant étaient largement positives. Mais, avant de perdre complètement espoir avec cette carte, qui ne vous annonce effectivement pas la meilleure réponse du monde, voyez tout de même celle sortie en position de synthèse qui pourrait, selon ce qu'elle est, modérer un peu la tournure défavorable des événements…

Dans la position de synthèse, la carte Ennemis présente un avenir lointain quelque peu laborieux et tendu. Quelle que soit la réponse obtenue avec l'ensemble du tirage, cette carte martienne montre un climat qui peut être difficile entre vous et les autres, de nombreux points de vue divergeront et la perspective de susciter de la jalousie et de la malveillance n'est pas à écarter. Ouvrez l'œil et demeurez prudent, surtout si vous avez obtenu une réponse très favorable…

* * *

N° 36 ▸ POURPARLERS

Description et sens général

Nous sommes au cœur de la série des cartes martiennes, série de cartes fortes en énergie, puissantes et passionnées. Cette 36e ne déroge pas à la règle si on considère l'agitation qu'elle peut susciter. Les Pourparlers sont par définition les conversations, les entretiens, les dialogues durant lesquels chacune des personnes concernées, chaque partie en présence défend son point de vue et affirme son opinion. Les Pourparlers sont les conversations préalables à tout accord, à tout compromis mais, au moment où ils se déroulent, ils peuvent être très vifs, hauts en voix, en verbe. C'est aussi ce que suggère l'image de la carte qu'Edmond a représentée en dessinant un groupe de trois oiseaux au sommet d'un arbre mort que rejoint un quatrième. On peut supposer toutes sortes de situations ; les trois oiseaux se disputent et le quatrième amène une solution ou l'exact opposé : trois oiseaux discutent paisiblement et le quatrième amène un point de vue qui crée un désaccord. Pourparlers est une carte forte en relation évidente avec les discussions, les dialogues, les conflits et les tensions inhérents à toute recherche de compromis...

En vrac : mots-clés, synonymes, significations

Pourparlers ➔ discussions, opposition de points de vue, échange de propos, débat, polémique, conférence, causeries, entretiens, conciliabules, etc.

Dans un tirage en croix

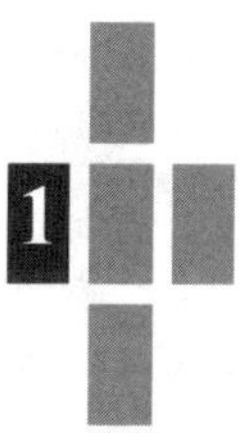

La carte Pourparlers qui vous représente dans cette première position vous montre sous les traits d'une personne prête à défendre en toutes circonstances ses points de vue, ses idées et ses projets. Vous apparaissez avec une énergie vive et dynamique, une énergie qui ne se laisse pas abattre par le premier venu. Vu de l'extérieur, vous pouvez être perçu comme quelqu'un de combatif, peut-être un peu sur la défensive, éventuellement susceptible et quelque peu nerveux. D'ailleurs, il faudra veiller à ce que cette perception par les autres ne finisse pas par dégrader votre image. Mais, à ce stade de l'interprétation, il semble que la pugnacité dont vous faites preuve vous aidera plutôt à vous affirmer et à réaliser vos projets.

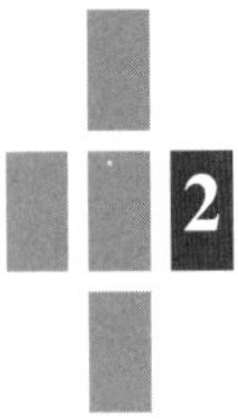

Les Pourparlers présents dans cette deuxième position vous mettent en garde. Vous ressortez sous les traits d’une personne prête à tout pour défendre ses points de vue, ses projets et ses idées. Cela peut être un atout dans certaines circonstances mais cet état d’esprit combatif et nerveux peut manifestement vous amener sur de grosses difficultés de dialogue avec les autres. Veillez à ne pas devenir agressif, susceptible, autoritaire, à ne pas créer de conflits difficiles et inutiles avec les autres, qui pourraient insidieusement vous bloquer et vous empêcher d’avancer… Quelle que soit votre question, cette carte montre des difficultés relationnelles avec, selon ce que vous demandez, votre famille, vos collègues de travail, votre patron, votre conjoint, etc. Envisagez un petit peu plus de modération dans vos propos…

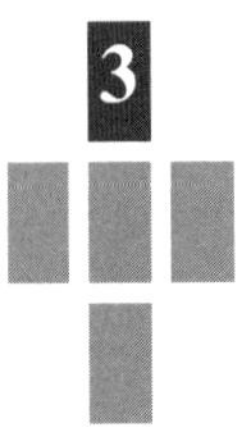

Cette carte Pourparlers qui apparaît dans la position du conseil vous suggère de faire valoir vos idées et vos points de vue. Vous devez vous affirmer et faire preuve de combativité si, par rapport à votre question, vous désirez vivre un succès. Il faut sortir votre force de caractère, ne pas vous laisser faire, vous montrer sûr de vous et ne rien accepter sans sourciller. C’est donc en développant votre confiance en vous et en osant braver tous ceux qui ne croient pas en vous, tous ceux qui ne vous facilitent rien et qui vous ralentissent plus ou moins sciemment. Soyez donc franc, entreprenant, endurant, fier ! Ne baissez pas la garde et tant pis si vous entrez dans des discussions ou des rapports conflictuels, car c’est peut-être à ce prix, en bousculant ceux qui vous sous-estiment totalement, que vous avancerez et vous sentirez grandir.

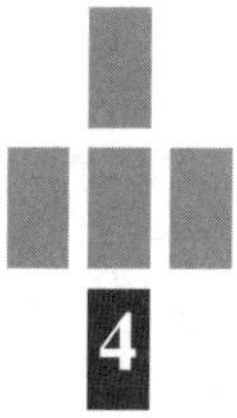

Pourparlers en position de réponse annonce un climat de tension, de difficultés, et de problèmes relationnels avec les autres. Selon votre question, on conclura que, sur un plan sentimental, des divergences de points de vue vous opposeront à votre partenaire, à moins que cela ne soit à votre supérieur hiérarchique si votre question concerne une demande d'augmentation de salaire. Quoi qu'il en soit vraiment, cette carte montre une difficulté à s'affirmer, à oser prendre les choses en main, à concrétiser les projets. Pour y parvenir, il faut redoubler d'effort et dépenser beaucoup d'énergie, se montrer combatif et persévérant. Ou alors préférerez-vous tout laisser tomber pour envisager autre chose à plus long terme ? Abandonner vos projets et points de vue de la sorte ne se révélera pas très valorisant et épanouissant ; cela revient à laisser vos adversaires l'emporter… Regardez donc le dernier conseil de ce tirage avec la cinquième carte qui donnera un éclairage de synthèse…

Dans cette dernière position, la carte Pourparlers amène une ambiance de discussion houleuse et de tensions variées. Quelle que soit votre question, il semble que vos points de vue et la réalisation de vos projets dans l'avenir se révéleront agaçants ou difficiles aux yeux des autres. Il faudra vous défendre et vous montrer combatif, persévérant car la tâche dans laquelle vous serez lancé ne sera pas facile à mener, d'autant plus que personne ne viendra vous aider…

* * *

N° 37 ▸ FEU

Description et sens général

Cette trente-septième carte de l'Oracle de Belline fait partie de celles sur lesquelles il est possible de disserter sur plusieurs dizaines de pages tant le symbole qu'elle représente est fort et imposant. Ici, rien de moins que le Feu ! Après l'Eau, la carte n° 15, nous voici avec un deuxième des quatre éléments que l'Antiquité définissait comme les quatre briques basiques, constitutives de l'univers. Autrefois, on considérait en effet que l'air, la terre, l'eau et le feu étaient les éléments fondamentaux, constituants de toutes choses matérielles, mais aussi de toutes pensées, de toutes émotions, de tous sentiments. On se reportera à un dictionnaire des symboles pour en connaître la signification précise bien que celle de l'Eau soit explicitée pour la carte n° 15 et que nous allons évidemment prendre quelques lignes pour expliciter le feu.

Par définition, source de chaleur et de lumière, le feu est probablement « l'invention » qui a le plus révolutionné la vie de l'homme préhistorique. L'autorisant à voir clair dans la nuit, à repousser les animaux dangereux, la domestication du feu lui a permis de se rassurer, de se socialiser, mais surtout de manger mieux en faisant cuire la nourriture. Selon certains scientifiques spécialistes de paléontologie, ce sont les propriétés des aliments cuits qui ont permis à nos ancêtres, en plusieurs milliers d'années, d'augmenter leur intelligence et devenir ce que nous sommes aujourd'hui. On comprend l'importance du feu, de cet objet fluidique, fascinante source de vie. De la même couleur que celle des entrailles de la terre, de la même couleur que le sang et que les braises, le Feu a très vite été le symbole de l'énergie vitale, de l'énergie de vie primordiale à la source de toute chose. Ainsi le feu représente le principe actif, la créativité, le dynamisme, la force, etc.

Dans son illustration, Edmond a représenté un flambeau que semblent se disputer deux coqs. Deux rois pour une seule basse-cour, voilà qui est impossible. Les volatiles s'affrontent donc en duel, comme ils savent le faire naturellement, cela étant tellement inscrit dans leurs gènes que l'on pourrait quasiment se passer du « parrainage » de cette carte par Mars le belliqueux…

En vrac : mots-clés, synonymes, significations

Feu ➔ Énergie, vie, dynamisme, instinct, force de caractère, puissance, force, ardeur, passion, etc.

Dans un tirage en croix

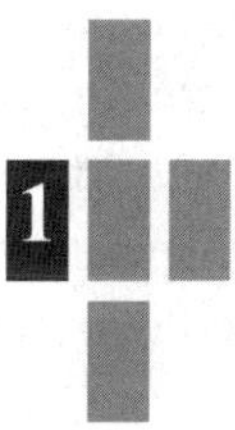

La carte Feu qui vous représente en première position vous montre comme une personne pleine d'énergie, d'entrain et de motivation. Par rapport à votre question, on suppose que vous êtes animé d'un grand dynamisme, d'une vitalité, d'une pugnacité que peu d'éléments seront susceptibles d'arrêter. Sur un plan professionnel, vous êtes probablement perçu comme quelqu'un d'ambitieux prêt à beaucoup de choses pour y arriver, et, sur le registre affectif, comme un être passionné plutôt entier, qui aime les sensations fortes.

Du côté de la vitalité, cette carte vous révèle sans doute en pleine forme et en possession de tous vos moyens…

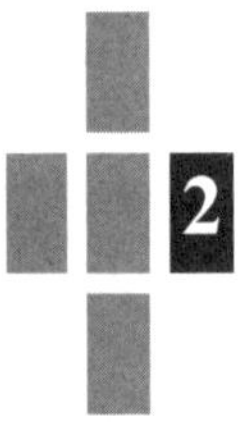

Le Feu présent dans la position de ce qui joue contre vous, montre un problème avec l'énergie et le dynamisme. De deux choses l'une : soit vous en avez trop et cela vous nuit, soit vous en manquez et cela vous nuit aussi. Dans les deux cas, il y a un problème qui se pose. Avec la première possibilité, on vous reprochera peut-être de posséder un caractère passionné et trop entier. Par rapport à votre question, vous êtes trop exigeant, trop impatient ou trop dominateur. Il faudra modérer vos ardeurs et vos impulsions… Mais, si le Feu dans cette position vous révèle un manque d'énergie, cela s'illustrera par une vitalité franchement moyenne, un manque d'enthousiasme et un manque d'ambition assez critiquable… Cette apparente paresse devra être corrigée si vous désirez aboutir dans vos projets et avancer concrètement.

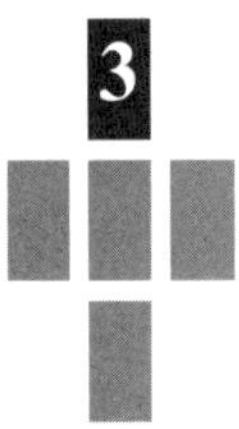

Le Feu dans la position du conseil vous propose de développer et d'affirmer toute l'énergie qui se trouve concentrée en vous. Cette carte forte et intense, vous demande d'être passionnés, entreprenant, instinctif, non modéré et d'arrêter de raisonner. Vous devez faire parler le ventre et le cœur, vous devez foncer et ne pas vous occuper de ce que l'on peut penser de vous. Dans le registre de la vie professionnelle, il faut vous battre pour affirmer vos ambitions, être sûr de vous et affronter les avis divergeant du vôtre. Dans la vie amoureuse, cette carte vous suggère de vous révéler passionné et actif. Clairement, soyez séducteur, audacieux, courageux, ne vous laissez pas impressionner !

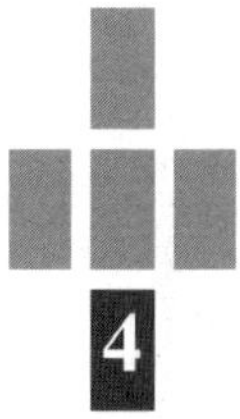

La carte Feu qui surgit en réponse est intéressante si vous êtes à la recherche d'une énergie et d'une vitalité. Mais d'une façon générale, avec le Feu, il faut être prudent car, bien qu'il vous annonce beaucoup d'audace, de force, d'entrain et de passions, le Feu est un objet qu'il faut parvenir à contenir et domestiquer si on veut le rendre fécond. Autrement, bien sûr, tel un brasier attisé par le vent, il peut tout ravager et produire un vrai désastre. Aussi, cette carte à cette place demeure ambivalente et nécessite votre prudence. Dans une relation amoureuse, elle évoquera l'ardeur et l'attirance entre deux amants, mais aussi les dangers et les travers possibles de la passion. Dans la carrière d'un consultant, Feu peut indiquer une grande charge de travail et de grandes perspectives d'évolution, qui seront malgré tout très prenantes, nécessitant un investissement personnel conséquent… Cette carte en réponse amène donc beaucoup d'énergie mais n'est pas sans danger… À vous de veiller ce feu pour éviter les incendies ou les brûlures…

Dans la position de synthèse, la carte Feu apporte une grande énergie et annonce un futur lointain relativement animé. Si votre question n'a pas trouvé de réponse très favorable, consolez-vous avec ce Feu qui garantit l'arrivée d'un dynamisme nouveau, d'une passion, d'une envie de tout bousculer… Vous réagirez avec instinct et entrain…

* * *

N° 38 ▸ ACCIDENT

Description et sens général

Vous l'avez vu, les cartes martiennes sont loin d'évoquer les petits bonheurs simples de la vie, ceux que l'on apprécie lorsqu'on est détendu, tranquille, bien dans sa peau…

La règle ne semble pas vraiment changer avec cette dernière carte de la série : Accident. Encore un nom qui signifie beaucoup de choses à lui tout seul, on pourrait aisément se passer de l'image pour comprendre de quoi il s'agit. D'autant que le dessin réalisé par Edmond n'a rien d'un petit truc anodin puisque, cette fois, il s'agit d'une tour (la même que celle des Pénates n° 16 ?) littéralement décapitée de son sommet crénelé par une association de trois éclairs rouges foudroyants et pointus comme l'est la flèche du symbole martien. Issu d'un gros nuage sombre et pluvieux, centré sur l'édifice malheureux, nous avons ici l'illustration du sort qui s'abat sur la construction des hommes, dans un immense fracas, détruisant tout sur son passage, causant la perte et la catastrophe. Pour les personnes qui connaissent le Tarot de Marseille, cette carte rappelle bien sûr la lame XVI, la Maison-Dieu, qui illustre à peu de choses près la même situation : un éclair puissant venu du ciel qui décapite une tour propulsant deux personnages dans le vide au milieu de briques et de décombres voltigeant dans le ciel. Ici, point de personnage mais le sens général est bien le même : une force de la nature que certains apparenteront à Dieu ou au destin qui s'abat sur les hommes pour remettre en question leurs fondements, leurs bases, leurs croyances. La carte Accident est une magistrale remise en cause de tout ce sur quoi nous étions appuyés. C'est évidemment un passage difficile, stressant, amenant plein de nervosité et un sentiment de « malheur »… Mais comme dit l'adage, *tout ce qui ne tue pas rend plus fort* ; les remises en question ont toujours du bon même si elles sont des caps difficiles à franchir…

En vrac : mots-clés, synonymes, significations

Accident ➔ remise en question, événement brutal qui remet en cause, modification inattendue, événement soudain qui modifie les conceptions et les visions des choses, abandon obligé des vieux schémas…

Dans un tirage en croix

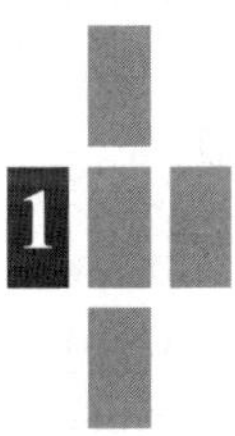

Dans la position 1, celle qui représente le consultant face à sa question, la carte Accident suggère que votre motivation dans votre question provient d'importantes remises en cause que vous avez subies et que vous vivez peut-être encore. Si celle-ci concerne une recherche d'emploi, on pourrait voir dans cette carte la rupture d'un précédent contrat qui vous amène aujourd'hui à rechercher quelque chose de nouveau. Sur un plan sentimental si votre interrogation concerne une perspective de rencontre, on pourrait là aussi supposer que votre motivation réside dans une rupture passée qui vous a amené à une solitude que vous désirez aujourd'hui stopper en rencontrant quelqu'un. La carte Accident révèle aussi des fondements fragiles, comme si des événements difficiles vous avaient quelque peu chamboulé ces derniers temps, vous amenant à la situation d'aujourd'hui. On peut tout à fait supposer que, en conséquence, vous manquez de confiance en vous, de sérénité. C'est une carte difficile en ce qui concerne la réalisation des projets car elle révèle un point de départ délicat, des bases et des fondements bien incertains, il faudra que la suite du tirage comporte des cartes tout à fait différentes dans l'esprit pour contrebalancer cette première carte.

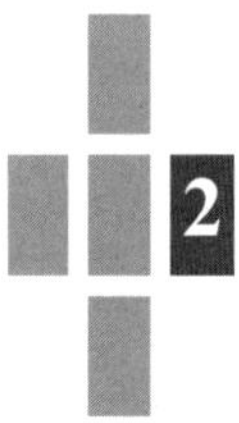

Avec cette carte dans la position des difficultés, il y a, par rapport à votre question, des risques que vous prenez qui probablement sont très importants. La carte Accident montre que vos projets sont bien plus fragiles que vous ne le pensez, que vos objectifs ou vos attentes peuvent tout à fait être remis en question d'une façon brutale et irrévocable. Il convient de vous interroger sur les démarches que vous faites, sur les engagements que vous prenez ou sur les espoirs que vous entretenez car cette carte montre que vraiment rien n'est gagné. Il faudra une troisième carte solide et totalement différente dans son énergie pour contrecarrer en quelque sorte le risque d'accident qui plane sur vous comme une épée de Damoclès.

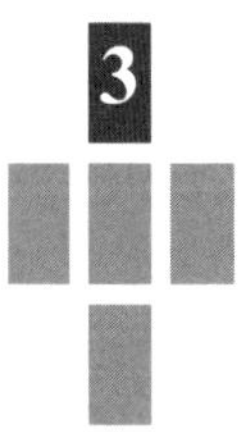

Cette carte Accident dans la position du conseil ne vous demande pas de prendre votre voiture et de foncer droit devant, à toute vitesse jusqu'à finir dans le ravin ou dans l'arrière d'un trente-trois tonnes. Rien de tout cela car l'Oracle de Belline n'appelle pas le suicide. Toutefois, cette carte qui est celle des remises en question plutôt violentes et jamais vraiment calmes vous propose de reconsidérer ce que vous entreprenez. Par rapport à votre question, il convient de vous interroger et de voir carrément si celle-ci a un sens dans votre vie. Si votre question concerne la mise en place d'un projet professionnel, peut-être faut-il le revoir dans la globalité, ne pas mener à son terme cette idée telle qu'elle est construite. Si vous demandez l'avenir d'une relation que vous estimez magnifique, peut-être qu'il faut là aussi la revoir et vous interroger sur les bases même de cette liaison : pouvez-vous vraiment vous faire confiance ? Les projets communs le sont-ils vraiment ? Face à votre problématique, quelque chose doit être revu et probablement abandonné... même si cela fait mal...

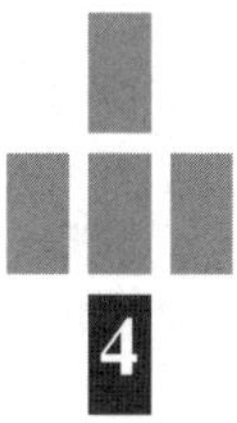

Nous n'allons pas tourner autour du pot sur des pages et des pages pour décrire cette carte qui, en réponse, n'amène jamais les réjouissances et les plaisirs. L'Accident augure, en effet, une remise en question et un déroulement des événements non conforme à ce que vous espérez. Par rapport à vos attentes, vous serez certainement amené à une remise en question, à une vision différente de vos projets, de vos idées, des perspectives dans lesquelles vous vivez. Si celles-ci concernent précisément la réussite d'une affaire par exemple, cette carte augure une forme de désillusion, quelque chose d'inattendu qui survient, qui jette le trouble avant de vous obliger à modifier vos intentions.

Oui, c'est certain, se retrouver en synthèse avec la carte Accident, cela peut jeter un froid et tétaniser quelque peu. Si la réponse obtenue n'est pas très favorable à vos attentes, cette carte vous montre qu'il y aura par la suite des remises en question qui, dans le fond, vous permettront de passer à autre chose. Si, au contraire, les cartes vous étaient tout à fait enchanteresses, vous pourriez vous attendre tout de même, par la suite, à quelques événements troublants amenant de nouveaux points de vue, tout cela dans un contexte pas toujours très plaisant...

LA SÉRIE JUPITÉRIENNE

Cartes 39 à 45

Jupiter d'un point de vue astronomique

Jupiter est la plus grosse planète du système solaire et la première des planètes dites externes (c'est-à-dire au-delà de la ceinture d'astéroïdes située au-delà de Mars). D'une luminosité qui égale souvent celle de Vénus (appelée aussi l'étoile du berger), Jupiter possède un diamètre colossal d'environ 140 000 kilomètres et un volume qui lui permettrait de contenir 1316 fois la Terre ! Principalement composée d'hydrogène et d'hélium, Jupiter est une planète gazeuse qui, si elle avait été un peu plus grosse encore, aurait pu se transformer en étoile créant alors avec le soleil un système d'étoiles double comme il en existe tant dans l'univers. Dieu merci, le destin en a voulu autrement en limitant les ambitions de ce corps géant qui produit toutefois plus d'énergie qu'il n'en reçoit du soleil.

Jupiter d'un point de vue symbolique

Jupiter fut repéré dans le ciel dès l'antiquité comme un astre très brillant ayant une trajectoire dans le ciel en forme de S. Plus grand corps du système solaire après le soleil, il est le Zeus grec : dans l'Olympe, souverain du monde et de tous les dieux. En astrologie, il est associé à la notion de chance et de porte-bonheur ; dans l'étude du thème astrologique d'une personne, Jupiter représente ainsi le principe d'expansion, la manière d'épanouir ses qualités et potentiels. Dans l'Oracle de Belline, les cartes Jupitériennes ou Joviennes expriment toutes une notion de sécurité, de bien-être, de succès etc.

N° 39 ▸ APPUI

Description et sens général

La série des cartes joviennes commence très bien avec la trente-neuvième qui se nomme Appui. L'idée d'être aidé, stabilisé, bien conseillé et tout naturellement appuyé dans la vie résonne incontestablement.

L'image représente un aigle majestueux posé sur la Terre: en appui sur elle. Les ailes déployées, couronné d'une tiare impériale, le regard vif tourné vers les cartes qui lui succèdent (le futur), rien ne semble pouvoir le déstabiliser. L'aigle qui représente, depuis la nuit des temps, le pouvoir, la puissance et l'autorité n'est évidemment pas dessiné là par hasard. Cet animal considéré comme l'oiseau qui vole le plus haut dans le ciel et le seul capable de regarder en face le soleil évoque l'assurance, la structure, l'équilibre, la droiture…

En vrac: mots-clés, synonymes, significations

Appui ➔ soutien, support, bases solides, fondations conséquentes, les expériences du passé qui amènent l'assurance d'aujourd'hui, la confiance en soi, l'aura sécurisante…

Dans un tirage en croix

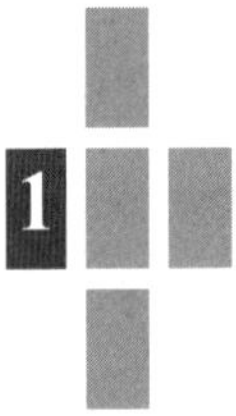

L'Appui comme première carte suggère que vous avez de bonnes dispositions pour résoudre les difficultés qui s'opposent à vous. Vous êtes une personne qui dégage de l'assurance, à qui on peut sans doute faire spontanément confiance. Vous avez aussi probablement un assez bon recul de la situation que vous vivez, des forces en présence et de votre capacité à avancer qui assurément n'est pas nulle. Donc tout porte à croire que vous démarrez bien dans ce tirage, que vous avez une légitimité dans les projets qui vous sont chers, des appuis solides autour de vous ; des personnes de votre entourage qui vous soutiennent ou une expérience suffisante pour réussir.

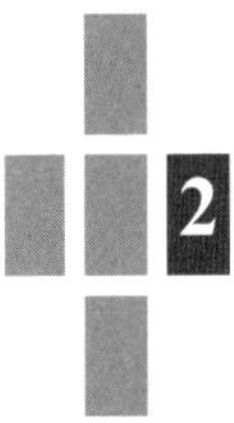

Cette carte dans la position des difficultés évoque les appuis autour de vous qui sont probablement tout à fait déficients. Puisqu'il s'agit ici d'un problème et de quelque chose qui s'oppose à vous, il serait bon de revoir les bases fondamentales de vos projets et surtout les situations extérieures sur lesquelles vous comptez. Dans le travail, ce sont peut-être des collègues ou un chef qui ne s'avéreront pas très encourageants. Ce peut-être aussi la confiance que vous accordez à quelqu'un, confiance et soutien qui ne vous seront en vérité d'aucune aide… N'est-ce pas ici une indication de ne compter une nouvelle fois que sur vous ?

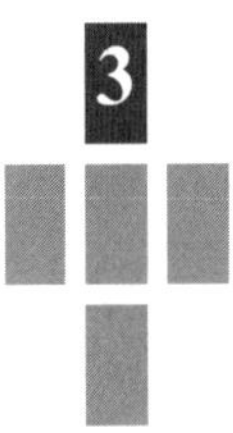

Dans la position du conseil, la carte Appui est plutôt de bon augure. Car elle évoque, face à votre projet, par rapport à votre question, que vous pourriez obtenir du soutien, de l'aide ou un déblocage de situation amenant davantage de stabilité et de confiance en l'avenir. Ne vous attendez pas à des appuis transcendantaux qui vont balayer les blocages si vous en rencontrez, mais ce pourrait être un petit coup de pouce du destin, un moment de répit, une détente. Si votre question concerne un projet qui vous est cher, quelque chose que vous désirez à tout prix mettre en place, cette carte suggère que vous rencontrerez des personnes susceptibles de vous aider, de vous encourager, de correctement vous conseiller…

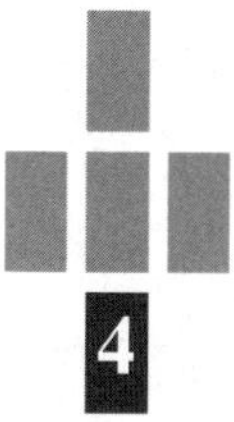

En réponse à votre question, l'Appui s'impose comme une carte favorable et positive. Si votre question concerne l'évolution d'une entreprise ou d'un projet professionnel, vous avez ici l'assurance d'obtenir une stabilité, des fondements solides et une base cohérente de travail. Cela peut survenir par des aides et des soutiens extérieurs, des situations qui évoluent en votre faveur, une personne au bras long qui intervient pour vous. Dans le registre de l'amour, cette carte peut représenter l'équilibre d'une vie de couple ou d'une liaison suffisamment épanouissante pour durer encore. Face à des problèmes de santé, l'appui en réponse peut être aussi le remède qui convient, qui consolide l'état sans guérir définitivement néanmoins.

L'Appui en synthèse apporte une note tout à fait favorable et positive au tirage que vous avez effectué. Si la réponse obtenue va dans votre sens, cette carte annonce, pour la suite des événements, beaucoup de stabilité et un contexte qui vous sera heureux. Si la réponse n'était pas terrible, alors retrouvez le sourire car l'Appui indique, pour un avenir plus lointain, un contexte qui vous sera plus favorable, l'obtention d'aides extérieures qui vous aideront à résoudre les problèmes plus tard ou à envisager d'autres solutions…

* * *

N° 40 ▸ BEAUTÉ

Description et sens général

Voici une carte qui se révèle tout à fait sympathique à la seule évocation de son nom. La Beauté est ce qui éveille un sentiment d'admiration, de pureté, de noblesse, de perfection. On imagine ainsi trouver les lignes fines et bien proportionnées d'un esthétique visage, ou celles d'un corps somptueux éveillant même le désir, mais notre ami Edmond a visiblement préféré un dessin plus sobre et plus consensuel avec la représentation d'une grande et magnifique fleur, surmontée d'un cœur, lui-même couronné.

La fleur épanouie est, bien entendu, l'expression universelle de la beauté. Car le sentiment de beau est quelque chose de tout à fait relatif et subjectif: tout le monde ne trouve pas les mêmes choses belles et c'est peut-être pour cette raison qu'Edmond a préféré la fleur à un corps nu féminin tel que Michel-Ange en sculpta en son temps pour exprimer la grâce. Il faut en conclure aussi que cette beauté n'est pas purement physique puisqu'il s'agit d'une beauté universelle, à caractère moral ou spirituel…

C'est aussi dans ce sens que va le cœur couronné qui représente le sentiment d'amour, le plus beau, le plus profond, le plus pur, le plus élevé, dans la hiérarchie des sentiments…

En vrac : mots-clés, synonymes, significations

Beauté ➔ grâce, esthétisme, fluidité, épanouissement de soi, développement de toutes ses qualités, humanisme, âme noble et heureuse, jovialité, esprit avenant et jeune…

Dans un tirage en croix

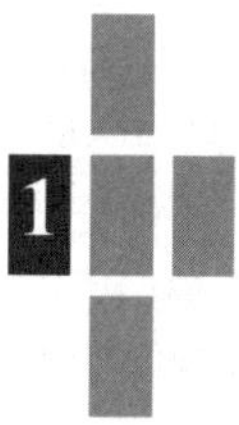

La Beauté comme première carte exprime un sentiment de tranquillité et de bien-être dans lequel vous devez vous trouver face à votre question. Cela n'indique pas que le sujet de votre problème est joli ou mignon, quoique… mais que vous êtes dans un sentiment probablement agréable, le même que celui dans lequel on se trouve lorsqu'on est en face de quelque chose de beau, qui suscite en nous des émotions nobles, des bonheurs simples et agréables. Dans cet état, vous semblez une personne épanouie, disposée au dialogue, chaleureuse, entreprenante ; vu de l'extérieur, certains diront de vous que la vie vous sourit, que vous avez de la chance…

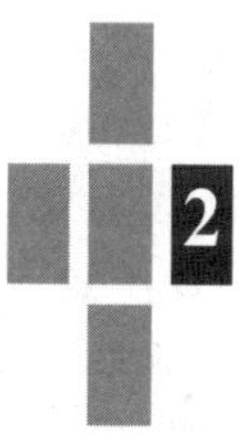

La Beauté contre vous ne signifie bien sûr pas que vous êtes lentement mais sûrement en train de vous enlaidir, comme le croyait vraiment un jour une élève de mes ateliers. Non, il faut voir ce que représente la beauté sur le plan métaphorique : la grâce, l'élégance, l'harmonie, l'équilibre des choses, la tranquillité, les douces et subtiles émotions… Sauf que là, tout se passe contre vous.
Face à votre problématique, la Beauté en contre suggère que quelque chose de « moche » se joue contre vous. Une dysharmonie dans le travail aux allures de désaveu par exemple… Une situation de couple dans laquelle les époux ne se respectent pas… Il y a, avec cette carte, une notion de déséquilibre, de manquement ; en quelque sorte, c'est l'expression de

quelque chose de désagréable qui se passe. Mais cette carte qui exprime aussi la candeur et la naïveté peut exprimer par rapport à votre question une forme d'idéalisme mal placé, une sensiblerie qui vous porte à penser que « tout le monde il est beau, tout le monde il est gentil ». Prenez garde justement à ne pas vous faire avoir…

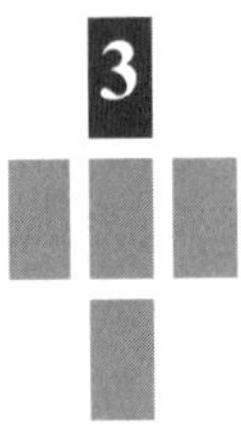

N'imaginez pas qu'avec la carte Beauté en conseil, il convient absolument de prendre rendez-vous dans une clinique esthétique hors de prix pour un lifting et des injections de botox ainsi qu'une bonne lipo-aspiration de la culotte de cheval. Rien de tout cela, car la Beauté s'interprète sur un plan symbolique et philosophique. Elle représente l'harmonie d'une situation, l'équilibre subtil et gracieux des forces et des énergies que vous devez retrouver. Face à votre question, vous devez manifester de très nobles sentiments, adopter de très belles attitudes, prendre des résolutions valorisantes et développer votre beauté intérieure. Ainsi, montrez-vous avenant, souriant, épanoui et allez savoir, peut-être que ce simple lâcher prise permettra de lever les blocages que vous rencontrez en développant votre aura…

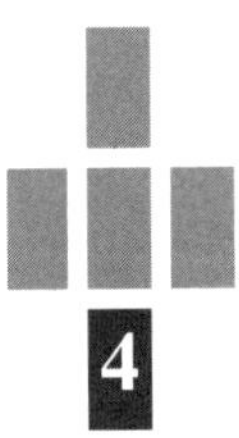

La carte Beauté sortie en quatrième position vous apporte une réponse tout à fait agréable et très probablement en accord avec ce que vous espérez au fond de vous. Cette carte qui incarne des valeurs de douceur, de bien-être, de sentiments joyeux et nobles n'indique pas autre chose que la résolution probable des conflits si vous en connaissez et une amélioration certaine de votre état d'esprit. Ce n'est certes pas une carte qui annonce de grandes révolutions dans votre vie, mais vous pouvez compter néanmoins sur un excellent état psychologique, émotionnel et affectif. C'est une vie sentimentale qui va bien, un travail qui vous apporte de l'épanouissement, un état de santé tout à fait cohérent et équilibré…

5 La carte Beauté est un élément favorable pour la suite des événements. Surtout si, par rapport à votre question, la réponse obtenue était laborieuse et pleine de contrariétés. Car, en effet, la Beauté vous annonce que, malgré tout, vous aurez les ressources pour retrouver un équilibre positif et harmonieux, propice à vous faire rebondir autrement, dans un avenir plus lointain.

Évidemment, si votre tirage était dans l'ensemble conforme à vos espoirs, la carte Beauté ne vient que confirmer une tendance déjà positive en annonçant dans un avenir plus lointain une situation tout à fait équilibrée et harmonieuse…

* * *

N° 41 ▸ HÉRITAGE

Description et sens général

Avec le nom qu'elle porte, la carte Héritage renvoie de prime abord aux notions de succession, de partage de biens, de transmission d'argent, de legs divers et tout cela associé à l'idée de mort et de décès. C'est bien dans ce sens que va l'image d'illustration sur laquelle on voit un sablier qui évoque le rapport au temps qui passe, le parchemin qui est sûrement un testament et le crâne sinistre qui rappelle le deuil. Car, bien sûr, il est rare qu'un héritage intervienne du vivant même d'une personne bien qu'aujourd'hui en France, certaines lois ou décrets permettent de prendre bon nombre de dispositions intéressantes avant de passer « l'arme à gauche »…

Mais l'interprétation générale de cette carte serait un peu biaisée si on se contentait de l'attacher à l'idée d'une mort. Si, dès qu'elle apparaît dans le tirage d'un de vos consultants, vous concluez qu'un être cher de sa famille va disparaître en lui léguant sa fortune, vous risquez de prédire ce genre de funeste événement assez régulièrement et de passer pour un praticien qui aime les prédictions morbides. Bien entendu, cela peut être parfaitement le cas, mais ce serait oublier que les arts divinatoires sont avant tout des langages symboliques qui doivent aussi et surtout s'interpréter sous un angle métaphorique.

Ainsi Héritage, dans son idée globale, représente le patrimoine et les acquis du passé qui viennent jouer un rôle important, voire décisif, dans l'actualité de la vie du consultant. L'héritage sous toutes ses formes peut être l'héritage du patrimoine génétique, généalogique, l'héritage des connaissances apprises, mais aussi la sagesse acquise de toutes les expériences passées. Une période marquée par l'héritage est une période durant laquelle le passé du consultant resurgit pour apporter quelque chose (généralement favorable) qui devrait l'aider pour la suite. C'est une période de récolte dans tous les sens du terme : récolte des efforts fournis par le passé, récolte des graines semées…

En vrac : mots-clés, synonymes, significations

Héritage ➔ rapport au passé, force de l'âge, force de l'expérience et de la sagesse acquise, récolte des efforts passés, les graines semées ont poussé et apportent aujourd'hui de belles moissons.

Dans un tirage en croix

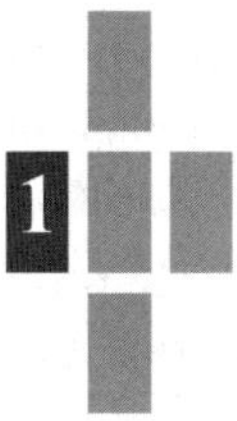

Héritage comme première carte révèle que vous êtes dans une position de stabilité, vraisemblablement amenée par la sagesse et l'héritage des expériences du passé. Vous êtes probablement une personne qui en a vu d'autres et qui a les moyens, grâce à tout ce que vous avez vécu sur votre parcours, de déjouer les pièges et les difficultés qui s'amoncellent devant vous. Vous avez probablement de nombreux potentiels qui doivent pouvoir s'exprimer aisément et vous aider à récolter les fruits de vos efforts même si, sur ce point, vous vous contentez du minimum syndical.

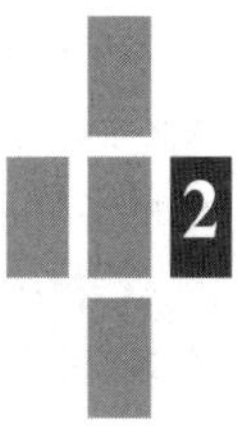

Si on interprète de façon très bête et méchante la carte Héritage sortie en contre, on conclut que le consultant risque de se trouver déshérité. C'est une vision de la carte un peu simpliste qui n'est toutefois pas sans part de vérité. En fait, sur un plan professionnel, elle pourrait révéler un risque de désaveu, des efforts importants réalisés dans le passé qui ne mènent pas à grand-chose par exemple, un supérieur hiérarchique sur lequel vous comptez qui finalement ne vous soutient pas. Sur le plan amoureux, cette carte peut évoquer le poids du passé, un non-dit, un secret de famille, une lourdeur dans la relation qui empêche un épanouissement correct des partenaires : une femme ou un homme qui ne parvient pas dans son couple actuel à oublier une relation passionnée du passé par exemple…

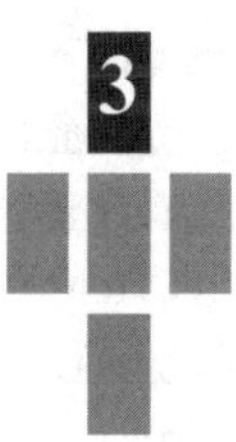

Avec Héritage en carte conseil, on vous avise de faire appel aux capacités, aux talents que vous avez déjà eu l'occasion, par le passé, d'utiliser avec succès. Par rapport à la question que vous avez posée, il convient de réfléchir sur vos acquis et de voir comment le passé et plus précisément l'expérience du passé et la sagesse acquise peuvent aujourd'hui vous aider. Concrètement, dans le travail, il serait peut-être bon d'employer des méthodes qui ont fait leurs preuves plutôt que d'en expérimenter de nouvelles. Face à la maladie, les vieux remèdes et les conseils des anciens seraient peut-être plus efficaces que les thérapies avant-gardistes. Face à votre problématique, il pourrait aussi s'agir d'être aidé par une personne que vous connaissez de longue date, qui vous a déjà aidé autrefois, ou de reproduire vous-même les gestes ou les attitudes qu'elle avait eus alors. Il s'agit, en tout état de cause, de faire jouer l'expérience vécue, ce qui s'est avéré concluant en d'autres temps...

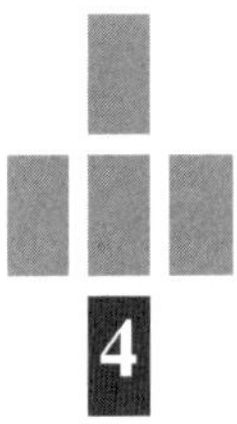

La carte Héritage sortie en quatrième position est une réponse plutôt favorable qui met l'accent sur l'importance des antécédents et des acquis du passé. Par rapport à la problématique posée, il se pourrait que la solution survienne en relation avec le parcours qui fut le vôtre, une expérience vécue autrefois ou une personne côtoyée dans d'autres temps. Cette carte Jupitérienne qui va dans le sens de l'expansion de votre épanouissement, de votre bien-être et de votre réussite rappelle que la sagesse acquise et votre histoire personnelle sont des éléments indissociables de la réponse obtenue... En d'autres termes, votre propre parcours représente une partie de la réponse.

En synthèse, la carte Héritage met l'accent sur le fait que toutes choses réalisées ou pensées auront une conséquence plus tard dans votre vie. L'héritage est ce qui se transmet de génération en génération, ce qui se transmet de votre présent à votre futur. Par rapport à la réponse que vous avez obtenue, cette carte, plutôt bonne, vous rappelle à vos responsabilités, vous signifie qu'une cause produit toujours un effet et que cette loi inéluctable se présente à vous quoi qu'il en soit.

N° 42 ▸ SAGESSE

Description et sens général

Nous sommes au cœur des cartes Joviennes avec la quarante-deuxième au doux nom de Sagesse. Qualité de ce qui est intelligent, droit, juste et sûr, elle est ici illustrée par le dessin d'une chouette aux yeux grand ouverts, bien campée sur ses pattes, et distinguée d'une couronne. Dans la tradition ésotérique, la chouette est l'animal qui voit parfaitement dans la nuit et qui symbolise la clairvoyance, une forme de connaissance intuitive et mystique reliée à des valeurs spirituelles élevées. Selon les Grecs et les Romains, cet animal était protecteur en détournant le mauvais œil. Scrutateur de la nuit, de ses ululements, l'oiseau prévenait du moindre danger.

La sagesse est aussi la qualité que les êtres sont censés acquérir avec l'expérience de la vie bien qu'il y ait des individus très jeunes dépositaires d'une sagesse incontestable et des vieillards qui, malgré les années, ne sont jamais allés beaucoup plus loin que l'horizon de leur propre stupidité…

En vrac : mots-clés, synonymes, significations

Sagesse ➔ intelligence supérieure, intuition, grandeur d'âme, expérience de la vie, spiritualité, vie sans matérialisme, réflexion, raison, modération…

Dans un tirage en croix

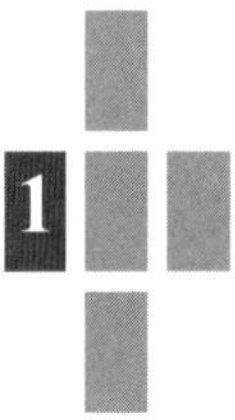

La Sagesse qui vous représente pour démarrer l'interprétation de votre tirage n'est franchement pas une mauvaise carte si on aime considérer qu'il y a des cartes positives ou négatives. En effet, vous apparaissez sous les traits d'une personne intelligente, alerte, qui possède un recul sur les choses et en particulier sur ce qui vous préoccupe dans votre problématique. On peut supposer que vous avez déjà grandement réfléchi à la manière de résoudre vos problèmes ou d'entreprendre vos projets et que, si vous utilisez le bon sens qui vous caractérise, il ne devrait pas y avoir de vraies raisons à même de vous empêcher d'atteindre votre but… Jetez un œil tout de même à la deuxième carte de ce tirage, qui donnera toutefois quelques indications sur ce qui peut vous ralentir et vous poser problème.

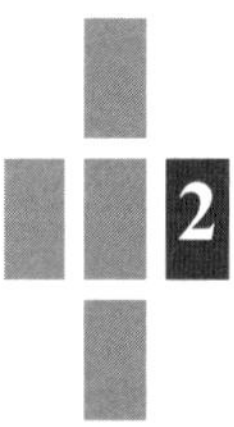

En position de ce qui pose problème la carte Sagesse peut suggérer que vous manquez d'intelligence et de recul sur les situations que vous vivez ou sur ce que vous entreprenez. La Sagesse exprime un lâcher prise qu'il vous manque, une expérience que vous pensez avoir mais qui est sûrement insuffisante pour vous lancer dans le projet qui est le vôtre. Soyez donc vigilant, ne soyez pas présomptueux, faites preuve d'écoute des fois qu'autour de vous, on vous donne de bons conseils à suivre…

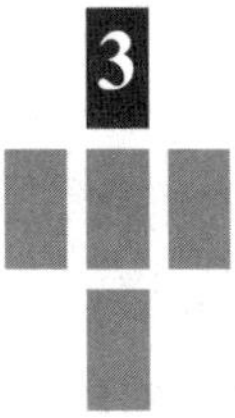

Le conseil que donne la carte Sagesse n'est pas très difficile à saisir. Dans votre situation, vous devez faire preuve d'intelligence, de réflexion juste et de modération. Vous devez affirmer des valeurs morales et spirituelles pour avancer ou pour résoudre vos problèmes. Si vous connaissez des conflits, il faut élever les débats en communiquant mieux, de manière dépassionnée. On vous déconseille ici d'agir instinctivement sans prendre le temps de mesurer toutes les conditions nécessaires à la réussite de vos projets. Faites preuve de clairvoyance, d'intuition, écoutez ce que les plus expérimentés ont à vous dire.

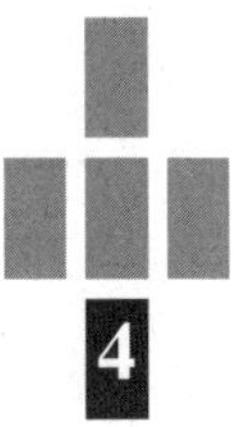

La carte Sagesse en réponse vous sera très favorable si votre question concerne la réussite d'un projet car la chouette, animal protecteur, repoussera loin de vous les déconvenues et les retards. Ce sont aussi des sentiments de justice, d'ordre et de bonne intelligence qui s'affirmeront avec cette carte. Rien de vraiment désagréable ne semble pourvoir survenir et c'est un sentiment de tranquillité qui, au final, devrait l'emporter. Si vous êtes à la recherche de l'âme-sœur, cette carte ne vous annonce pas officiellement une rencontre, mais explique que vous serez sur la bonne voie, que votre charme s'épanouira et que vous serez de plus en plus prêt à vous engager avec quelqu'un.

En synthèse, la carte Sagesse explique que, à plus long terme, les valeurs de l'intelligence, de l'esprit et du cœur s'affirmeront dans un climat de sérénité et de bienveillance. Si la réponse obtenue n'est pas en relation avec ce que vous espérez, sachez que vous saurez voir autrement plus tard et que vous ne resterez pas bloqué sur une mauvaise impression ou sur un sentiment d'échec par exemple. Vous saurez rebondir en étant peut-être un brin plus philosophe…

N° 43 ▸ LA RENOMMÉE

Description et sens général

Les cartes joviennes symbolisent l'expansion, l'affirmation des capacités, la reconnaissance des talents ; en un mot, l'épanouissement. Nous sommes parfaitement dans ces thématiques avec la quarante-troisième carte de l'Oracle de Belline qui s'intitule la Renommée. S'agissant littéralement de l'opinion généralement favorable d'un large public sur quelqu'un à propos de quelque chose, cette carte, lorsqu'elle sort dans un tirage, est généralement très appréciée car elle représente le soutien d'un groupe ou d'une collectivité, les faveurs accordées par ceux-ci, le climat de réussite et de hauteur sociale qui s'y associent. Tout cela est parfaitement représenté sur l'illustration d'Edmond qui a choisi de dessiner trois objets symboliques de la renommée : la trompette, l'étendard et la couronne de laurier. Issu d'un ancien instrument juif appelé le « schofar » qui n'était autre qu'une corne de bélier, la trompette est l'instrument de musique, qui, depuis l'antiquité, sert à annoncer de grands évènements et honorer d'illustres personnages. On raconte qu'elles retentirent sur le Mont Sinaï au moment où Moïse reçut ses révélations divines et pour annoncer la libération des esclaves. Dans les iconographies chrétiennes, c'est avec cet instrument que les anges viennent annoncer l'arrivée de Dieu et du Jugement Dernier. Le drapeau, objet en provenance d'Orient formé d'un bâton et d'une pièce de tissu, se développa vers le IXe siècle en Occident en raison de sa facilité à être porté par les cavaliers. Essentiellement militaire et représentant en Europe la marche vers la victoire, l'insigne des troupes, les armoiries d'une famille ou d'une nation, le drapeau, en Extrême-Orient, était souvent une constitution d'images symboliques. Sur celui d'Edmond, nous retrouvons les symboles planétaires de la Lune, de Vénus, de Jupiter et de Mars qui forment ensemble un quatuor d'énergies complémentaires et équilibrantes. Enfin, la couronne de laurier, qui apparaît à plusieurs reprises sur différentes cartes, illustre bien sûr la notion de réussite sociale puisqu'il s'agissait sous la Rome antique, notamment, des plus hauts représentants de l'état qui s'en coiffait la tête…

En vrac : mots-clés, synonymes, significations

La Renommée ➔ Notoriété, reconnaissance, célébrité, appréciations et opinions positives, notion d'ascension et de réussite sociale ou matérielle, épanouissement de soi, de ses talents, de ses capacités…

Dans un tirage en croix

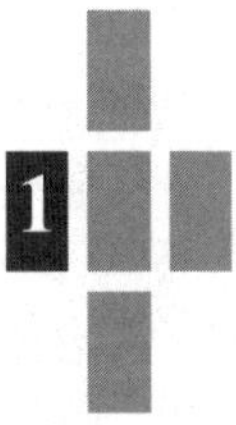

La Renommée qui vous représente, par rapport à votre question, suggère que vous bénéficiez d'une excellente réputation et d'un grand nombre d'opinions positives susceptibles de vous aider. Vous ressortez comme une personne très charismatique, appréciée de tous et en pleine possession de ses moyens, capacités et talents. Dans ces conditions, comment ne pourriez-vous pas réussir vos projets ou triompher des difficultés qui s'abattent sur vous ? Quelle que soit votre question, vous apparaissez méritant, rayonnant, intelligent, et en bonne voie d'obtenir une réponse favorable. Toutefois, ne nous méprenons pas, il ne s'agit, là, que de la première carte qui vous dévoile avec de nombreuses chances de succès, mais à la condition que le reste du tirage soit sur la même ligne directrice…

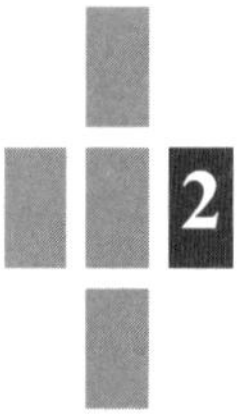

Avec la Renommée contre vous, il faut se demander pourquoi vous manquez du soutien des autres en subissant même une mauvaise réputation. Car, dans cette position, Renommée peut s'interpréter complètement à l'envers, en suggérant qu'il y a, sur vous, de mauvaises opinions qui circulent, que peu de gens vous estiment et que rien ni personne ne semble vouloir vous aider. Ainsi, si votre question concerne l'évolution d'une affaire commerciale, d'un business basé sur la communication et la réputation, il faudra voir si vous ne subissez pas une mauvaise publicité ou une rumeur défavorable. Dans le registre amoureux, on verra dans cette carte, un manque total de confiance de la part de votre partenaire à votre égard et, si vous êtes à la recherche de l'âme-sœur, un charisme défavorable qui éloigne les autres de vous. En somme, quelle que soit votre question, il semble que votre renommée et l'image que vous donnez de vous et du sujet de votre question, vous desservent totalement.

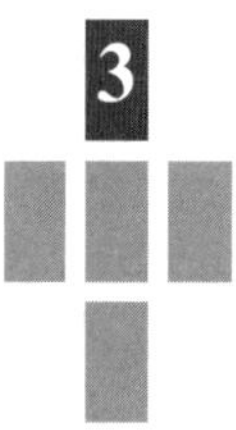

La Renommée, dans cette position de conseil, vous suggère d'agir pour faire parler de vous et accroître votre réputation. Cela marche évidemment si votre question concerne un sujet professionnel ou une thématique qui concerne le public, mais on verra aussi, dans cette carte, l'idée qu'il faut affirmer et épanouir tous ses potentiels, toutes ses capacités. Ainsi, dans le registre social, il faudra se montrer charismatique et valeureux, ce qui attirera les appuis extérieurs et l'assurance de plaire aux autres. Sur le plan amoureux, il faudra se montrer noble de cœur, affectueux, ce qui revient à être extrêmement séduisant. Il faut donc travailler à l'épanouissement de vos potentiels, croire en vous, en vos idées qui semblent bonnes et parfaitement en mesure de recueillir le soutien et l'approbation. Cette carte, très favorable, ne nous indique pas encore la réponse mais montre, en tant que carte qui évoque également le futur proche, que la voie pour y arriver est assez dégagée.

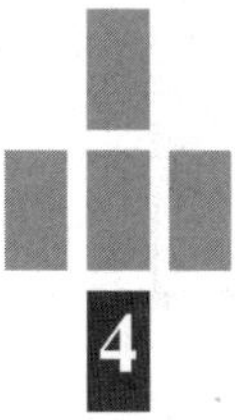

La carte Renommée dans la position de la réponse est très positive et augure le succès, la satisfaction et la reconnaissance. Cette carte, qui montre l'approbation et le soutien des autres, vous assure d'une bonne réputation et d'un fleurissement de votre situation. Si votre question concerne une évolution professionnelle, on verra, ici, la promesse d'une valorisation liée à la reconnaissance des efforts engagés et une diminution des préoccupations stressantes. Si vous avez posé une question concernant le plan amoureux, cette carte jupitérienne, marquée par l'expansion et l'épanouissement de ses qualités, s'interprète comme une possibilité de rencontre ou au moins des amitiés nouvelles. Quelle que soit la question posée, Renommée évoque le mérite qui est récompensé, des rentrées d'argent, des succès glorieux, l'assurance d'une récompense honorifique…

La carte Renommée dans la position de la synthèse présente un avenir lointain tout à fait florissant et en mesure de récompenser tous les efforts engagés. Par rapport à votre question et quelle que soit la réponse obtenue, cette carte promet, pour plus tard, la disparition des préoccupations difficiles, un bon niveau d'épanouissement, mais surtout une approbation et une reconnaissance de vos talents et capacités. Cette carte modère évidemment les réponses difficiles obtenues et renforce totalement celles qui sont sorties en faveur du consultant.

N° 44 ▸ LE HASARD

Description et sens général

L'avant-dernière carte jovienne est une des plus dynamique de la série. Intitulée le Hasard, cette carte représente le mouvement, le rythme de la vie, l'enchaînement des événements pas toujours prévisibles qui ont toujours au moins comme mérite de faire qu'il se passe quelque chose. De l'arabe al-zahr, qui signifie littéralement jeu de dés, cette carte symbolise en quelque sorte le jeu de la vie, ses rebondissements, ses imprévus, ses coups de chance, ses coups du sort ; cette succession d'évènements qui rappellent l'enchaînement des gains et des banqueroutes lorsqu'on tente sa chance aux jeux. C'est d'ailleurs la thématique du dessin d'Edmond qui a représenté une roue ornée d'une paire d'ailes, symbolisant le mouvement aérien, rapide et nerveux que surmonte une magnifique couronne donnant à l'ensemble une représentation supérieure de domination et de pouvoir… Cette roue rappellera aux praticiens du tarot la lame X, la Roue de Fortune, dont la signification se retrouve entièrement dans cette quarante-quatrième carte de l'oracle de Belline.

En vrac : mots-clés, synonymes, significations

Le Hasard ➔ le mouvement, le dynamisme, l'enchaînement des événements, la chance, les opportunités, les changements, le destin qui avance, les occasions, les possibilités, tout ce qui constitue de l'action dans la vie…

Dans un tirage en croix

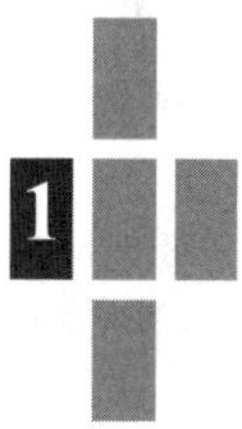

Le Hasard qui apparaît dans cette première position vous représente comme quelqu'un de dynamique, entreprenant, jovial et avenant. Charismatique, vous savez être convaincant et saisir les opportunités pour tirer votre épingle du jeu en toutes circonstances. Le changement ne vous fait pas peur et, au contraire, plus il y a de rythme dans votre vie, mieux vous vous sentez. Si votre question concerne le fait d'entreprendre des projets nouveaux, vous apparaissez dans des dispositions parfaites pour vous affirmer et même réussir. Ce sont bien sûr les cartes qui suivent qui donneront le détail de cette évolution, mais, quelle que soit votre question, vous apparaissez à ce stade avec une réactivité et un dynamisme positifs et constructifs…

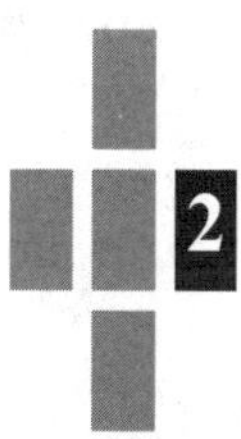

Se retrouver avec la carte Hasard dans la position de ce qui pose problème figure, bien souvent, une difficulté importante avec ce qui concerne le mouvement, le fait d'entreprendre et de saisir les opportunités. Clairement, on vous montre que vous ne savez pas provoquer votre chance ni votre destin. Réduit à une position attentiste, il vous manque l'énergie pour avancer et résoudre les problèmes que vous connaissez. Vous devez revenir à un état d'esprit plus positif, plus optimiste afin de réveiller l'énergie vitale qui sommeille en vous et qui vous sera indispensable si vous désirez avoir un peu plus de chance dans vos projets et autres priorités personnelles…

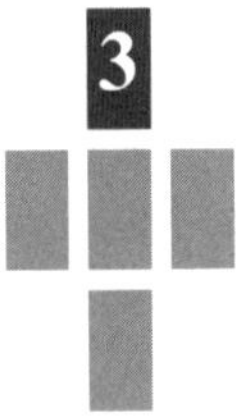

Cette carte Hasard dans la position du conseil vous suggère d'aller de l'avant et de provoquer votre destin. Le Hasard figure les événements de la vie qui bougent et avancent sans cesse, les mouvements de l'existence, les opportunités, les coups de chances à saisir… C'est dans cette dynamique que vous devez vous trouver si vous êtes actuellement dans une énergie passive ou rien n'avance. Sur le plan professionnel, ce peut être le moment de vous proposer pour de nouvelles responsabilités, sur un plan amoureux, il faut faire part de vos sentiments et oser faire des choses ! Bougez, avancez, ne vous économisez pas et n'ayez pas peur de prendre des risques. Au final, c'est l'inaction et la peur de se tromper qui sont plus problématiques que l'erreur elle-même.

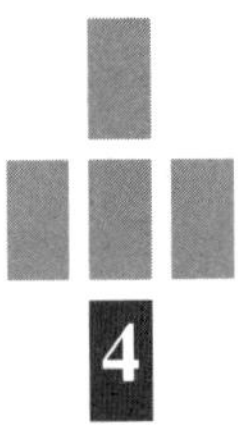

La carte Hasard présente dans la position de la réponse vous annonce concrètement du mouvement et des changements. Hasard est une carte dynamique qui montre un contexte d'opportunités à saisir, de chance à provoquer. Par rapport à votre question, cette carte est positive si vous êtes en quête d'évolution professionnelle, sentimentale ou même spirituelle. Cette carte peut, selon votre question, figurer des nouvelles rencontres affectives, un nouveau job, de nouvelles responsabilités ou de nouveaux enjeux dans votre carrière. Elle vous prédit également une période de chance durant laquelle il faudra saisir la balle au bond, faire confiance à votre bonne étoile, vous sentir dans un mouvement constructif…

Le Hasard en dernière carte vous révèle un avenir lointain marqué par le mouvement, les opportunités, les changements, etc. Vous serez impliqué dans une vie non monotone qui avance, qui bouge, qui vous donnera le sentiment d'avoir le vent en poupe. Si votre question initialement posée n'a pas trouvé une réponse favorable, cette carte Hasard vous indique des nouveautés possibles à plus long terme, quelques revirements opportuns qui vous permettront de rebondir.

* * *

N° 45 ▸ BONHEUR

Description et sens général

Que faut-il dire sur cette dernière carte jovienne qui s'appelle Bonheur ? Cette série, marquée par Jupiter, qui représente l'expansion et l'épanouissement, se termine en apothéose avec celle qui serait facilement considérée, si on voulait établir un classement, comme une des meilleures cartes de l'Oracle de Belline. Le Bonheur étant un état de complète satisfaction et de plénitude, cette carte exprime évidemment la joie la plus grande, le bien-être le plus absolu. Directement issu du latin augurium qui signifie présage, le terme heur s'emploie dans l'expression littéraire peu usitée avoir l'heur de qui se traduit par avoir la chance de. Bonheur signifie donc littéralement bonne chance et se révèle ainsi une carte sécurisante et annonciatrice de bonne fortune.

Sur le dessin d'Edmond, se trouve une main qui provient du ciel, un peu comme le visage qui apparaissait dans un nuage pour expirer de l'air dans la carte Inconstance (n° 13). Ici la main est une main qui offre une étoile à six branches coiffée d'une couronne. L'étoile affirme la protection, la valeur de ce qui est simple et authentique, affectif et émotionnel tandis que la couronne dorée distingue ce bonheur sur un plan également matériel.

En vrac : mots-clés, synonymes, significations

Bonheur ➔ Joie, succès, réussite, paix, protection, chance, amour, plaisir, émotions belles et authentiques, vérité, sincérité, amitié, etc.

Dans un tirage en croix

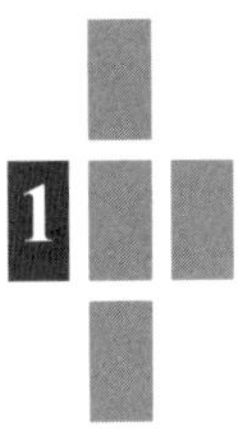

La carte Bonheur qui se présente en première position de votre tirage suggère que vous êtes actuellement dans d'excellentes dispositions pour affronter les difficultés qui s'opposent à vous et réussir vos projets. Car, avec une telle carte pour vous représenter face à votre question, on n'imagine pas que vous puissiez mal aller. Vous semblez en effet une personne solide, charismatique et souriante qui bénéficie d'une bonne dose de chance que vous avez, peut-être certes, provoquée et méritée dans le passé mais qui, aujourd'hui, peut également susciter quelques jalousies. Car, vu de l'extérieur, vous donnez l'impression que tout vous sourit, que rien ne vous empêche d'avancer et d'aller là où vous désirez ou de faire ce que vous projetez. En somme, vous bénéficiez d'un vent excessivement favorable qui devrait vous permettre d'atteindre vos objectifs ; il faut juste espérer que rien, ni personne, ne viendra vous mettre des bâtons dans les roues, ce que précisera la deuxième carte de ce tirage.

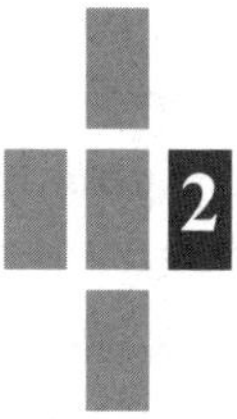

La carte Bonheur qui apparaît dans la position des difficultés peut représenter un problème assez important. S'agissant d'une carte forte et généralement très positive, la retrouver à cette place lui donne une fonction défavorable, inversement proportionnelle aux bons côtés qu'elle a en temps normal. Concrètement, elle montre un manque de joie de vivre et, selon votre question, une absence totale d'épanouissement. Sur un plan amoureux, cette carte révélera non pas le bonheur, mais une sorte de tristesse dans la relation que vous vivez : celle-ci ne vous apporte pas la félicité tant espérée. Dans le registre du travail, on interprétera cette carte comme l'indication d'un profond ennui et d'une lassitude importante : il faudra bientôt envisager de changer quelque chose au risque, sinon, de s'enfoncer lentement dans une dépression… Avec cette carte, vous devez vous interroger sur ce qu'est le bonheur et voir pourquoi vous ne l'atteignez pas. Mise dans le contexte de votre question, cette carte vous interpelle et vous demande enfin si cette indisposition au bonheur ne vient pas tout simplement de vous…

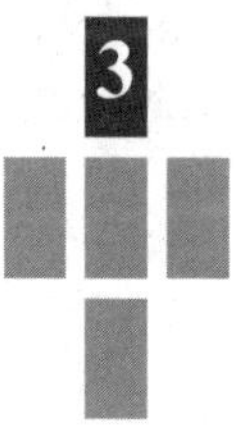

Bonheur qui survient dans la troisième position vous donne le conseil d'extérioriser toute la bonne humeur que vous pouvez. On vous demande d'incarner le bien-être, le contentement, la joie de vivre et tout ce cortège de bons sentiments, qui doivent ainsi vous permettre d'être plus charismatique par exemple, mais aussi de lâcher prise… Il faut dire qu'avec cette carte qui donne un premier aperçu de comment vont tourner les événements, on peut aussi supposer qu'ils emprunteront un chemin inspirant quelques réjouissances, même si nous n'avons pas encore, bien entendu, la réponse définitive de la quatrième carte. Mais il est vrai qu'à ce stade de l'interprétation, avec un tel symbole sous les yeux, vous pouvez espérer un développement réjouissant.

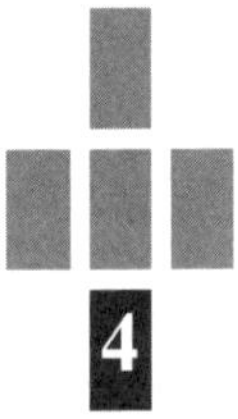

La carte Bonheur en réponse est très positive quelle que soit la question que vous posez car, manifestement, elle vous annonce de grandes joies et de belles émotions tout à fait agréables. Dans le registre affectif, c'est une évolution de couple très satisfaisante, des projets qui aboutissent tels que la naissance d'un enfant, un emménagement commun ou tout simplement un mariage. Dans la carrière, cette carte peut représenter la réussite sociale et le bonheur associé à un grand épanouissement : le succès d'un concours, la rentabilité d'une opération financière. Tout ce qui amène une grande joie est ici annoncé. Les conflits se résolvent, les amitiés sont bénéfiques et les maladies s'améliorent, voire guérissent…

Le Bonheur qui apparaît en dernière position apporte une touche lumineuse au tirage que vous avez effectué. On l'appréciera d'autant plus si vous n'avez pas obtenu une réponse très positive puisque cette dernière carte jovienne vous promet tout de même de joyeuses sensations à plus long terme. Mais, même si vous avez eu la réponse de vos rêves, cette carte Bonheur vous prédit une suite évidemment très heureuse et très épanouissante…

LA SÉRIE SATURNIENNE

Cartes 46 à 51

Saturne d'un point de vue astronomique

Bien connu pour ses célèbres anneaux, Saturne est la sixième planète du système solaire, très lointaine de la Terre (à environ 1 200 millions de kilomètres en opposition) et située à 1 427 millions de kilomètres du Soleil. À une distance aussi vertigineuse, notre Soleil apparaît, là-bas, dix fois plus petit que sur la Terre. D'un diamètre colossal, mais tout de même un peu plus modeste que Jupiter, le diamètre de Saturne atteint les 120000 kilomètres et pourrait contenir 755 fois notre délicate petite planète bleue ! Tournant sur elle-même en à peu près 10 heures, cette planète gazeuse, souvent visible à l'œil nu, est essentiellement composée d'hydrogène qui se répartit en différentes strates atmosphériques constituant des bandes bleues et blanches. Ses anneaux invisibles à l'œil nu furent découverts en 1610 par Galilée à l'aide d'une longue-vue, dont le procédé de fabrication datait de l'année précédente. Composés de corps glacés allant de la simple poussière à des objets d'une dizaine de kilomètres de diamètre, les anneaux de Saturne sont en fait une succession d'anneaux disjoints s'éloignant jusqu'à 250 000 kilomètres de la planète.

Saturne d'un point de vue symbolique

En astrologie, on connaît Saturne pour représenter le principe restrictif ; c'est-à-dire que dans l'étude du thème astrologique d'une personne, sa position révèle les freins, les blocages, ce qui est laborieux et prend du temps. Et pour cause : Saturne est la version romaine de Cronos, dieu grec du temps qui s'écoule. Dans la mythologie antique, Saturne avait bien mauvaise presse puisque, roi des dieux, il avait tellement peur d'être détrôné qu'il dévorait ses enfants dès qu'ils venaient au monde ! Marié à sa sœur Rhéa, c'est grâce à elle que l'un d'eux fut sauvé et pas des moindres : Zeus-Jupiter. Ce dernier, élevé en secret, réussit, une fois devenu adulte, à chasser son père du pouvoir. Ainsi forcé à l'exil, nous comprenons pourquoi Saturne est souvent considérée dans la symbolique comme porteuse de malchance et de mélancolie. Souvent représenté sous les traits d'un vieillard, Saturne évoque la solitude, l'isolement, l'infortune, le poids du karma et l'épreuve du temps…

N° 46 ▸ INFORTUNE

Description et sens général

Vous êtes prévenu, les cartes saturniennes basées sur un principe restrictif, de patience et d'effort n'ont rien de très plaisant. À l'image de celle qui inaugure la série : Infortune. Quel nom sinistre, n'est-ce pas ? Sans compter l'illustration qui l'accompagne et que l'on n'imagine pas vraiment rigolote ! Une vieille dame en haillons, pieds nus, coiffée d'un fichu, un vieux cabas sous le bras, avance péniblement à l'aide d'une béquille en tendant la main droite, telle une mendiante. Le regard sévère, le nez crochu, le menton proéminent et la bouche trahissant une dentition pleine de trous : nous avons là une pauvre femme aux allures de sorcière, tournée sur le passé, puisqu'elle vient de la droite. On imagine que ce personnage a vécu des moments particulièrement difficiles pour en arriver là : des malchances répétées ont probablement conduit cette pauvre femme à une vie misérable. Survivre est sans doute son quotidien…

En vrac : mots-clés, synonymes, significations

Infortune ➔ malchance, fin de cycle, handicap, perte financière, situation critique, douloureuse mais non fatale : l'effort est quotidien, le labeur permanent, tout avance lentement mais sûrement, le courage récompensera les braves…

Dans un tirage en croix

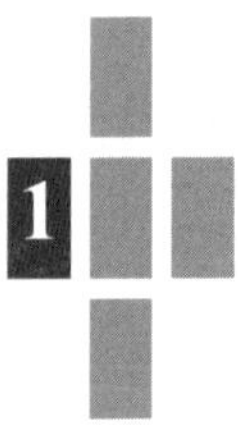

L'Infortune comme première carte de votre tirage dévoile une situation difficile à vivre. Vous traversez une période houleuse et, par rapport à votre question, vous n'avez probablement pas le sentiment de maîtriser ce qui se passe et encore moins de maîtriser l'avenir. On imagine que vous avez jusque-là rencontré très peu de succès et que le minimum obtenu aujourd'hui ne l'a été que laborieusement, en ne comptant jamais que sur vous-même. Ce sentiment d'épreuve constant dans lequel vous vivez a néanmoins eu l'avantage de vous forger le caractère, de vous apprendre à ne pas vous appuyer sur qui que ce soit et à utiliser pleinement vos ressources. C'est sans doute grâce à cette persévérance qui vous a mené jusque-là que vous pourrez avancer et finir par triompher.

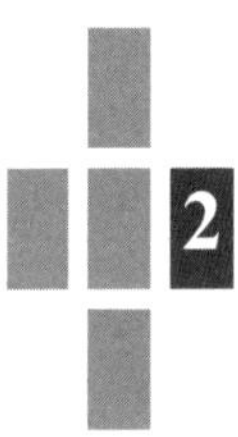

Dans la position défavorable, cette carte déjà peu engageante indique que vous avez à faire face à de nombreuses difficultés qui seront pénibles à dénouer. C'est probablement la persévérance, l'utilisation précise et assidue de vos capacités qui vous permettra d'y arriver. Cette carte qui n'est pas sans rappeler l'Ermite dans le tarot de Marseille évoque, bien sûr aussi, le temps qui passe, le temps nécessaire, le temps qui vous paraîtra long avant la venue d'une solution ou d'un événement particulier que vous attendez. Il faut donc travailler sur vous, modérer sensiblement toutes les attentes que vous avez et ne pas avoir peur du labeur, seul, pas vraiment soutenu, en espérant que les choses se décoincent un peu avec la troisième carte…

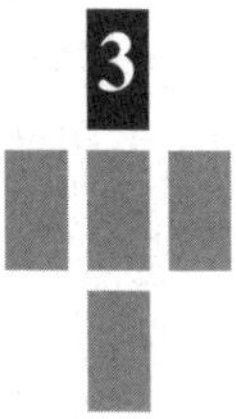

Voilà une carte curieuse à interpréter dans la position du conseil car quel conseil l'Infortune peut-elle donner? En fait, cette vieille femme qui avance laborieusement, lentement, tournée sur son passé, vous invite à affronter seul vos problèmes, à faire le point sur ce qui est nécessaire, à trier vos idées et à ne garder que le strict minimum. Si vous avez de grands projets professionnels, on vous indique qu'ils n'arriveront que dans des délais que vous jugerez trop importants. Quant au volet sentimental, l'Infortune évoque bien plus la solitude et le bilan du passé que la joie d'une rencontre très prometteuse. Alors, soyez courageux, à l'image de cette femme qui n'a jamais cessé d'avancer malgré les épreuves de la vie et examinez précisément la dernière carte qui donnera la réponse.

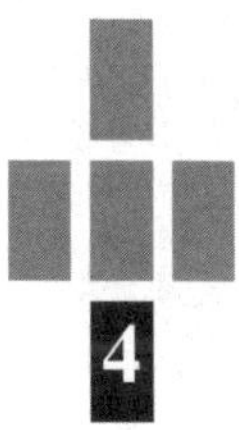

En apparence, la carte Infortune en réponse peut vraiment s'interpréter comme l'assurance d'un échec et d'une profonde déception par rapport à la question posée. Surtout si celle-ci concerne l'évolution d'un projet ou la concrétisation d'une idée. Mais c'est oublier l'image qui montre cette vieille femme qui avance encore, malgré ses lourdeurs et ses malheurs. C'est une femme de caractère qui se tient encore debout, qui compte sur elle plus que sur les autres et qui résiste aux épreuves. C'est vrai, l'Infortune ne vous prédit pas une grande rencontre amoureuse, ni un succès dans les affaires. En fait, l'Infortune ne prédit pas grand-chose de bien réjouissant mais, avec un peu d'optimisme, nous pouvons tout de même dégager l'idée que le temps jouera en votre faveur si vous savez vous montrer extrêmement patient et qu'en toutes circonstances vous restez persévérant.

L'Infortune en synthèse apporte une note un peu défavorable au tirage. Si vous avez obtenu une réponse tout à fait positive, rassurez-vous, cette carte ne modifie rien et montre simplement qu'à terme, dans vos projets, vous rencontrerez beaucoup de labeur et sans doute un sentiment de solitude. Si la réponse qui s'est jouée ne vous paraît pas optimale, ce n'est malheureusement pas la carte Infortune qui va profondément modifier la donne. Elle indique, pour l'avenir plus lointain, de nombreux efforts à fournir encore…

* * *

N° 47 ▸ STÉRILITÉ

Description et sens général

Dans la famille des cartes saturniennes, par définition laborieuses et pas très glamours, je vous présente la Stérilité. Avec un nom pareil, difficile d'envisager un festival de drôleries inspirant la joie de vivre ou une bonne tranche de rigolade. Car, émergeant au milieu d'une mer pleine de vagues, ce qui nous est donné d'admirer inspire tout à fait autre chose que le sourire de la bonne humeur : un somptueux agglomérat de rocailles émergeant d'une mer agitée, une île déserte. Plutôt escarpé, n'abritant pas une âme ni même une once de végétation, l'endroit est assez éloigné des paradis tropicaux dans lesquels de plantureuses vahinés vous accueillent d'un collier de fleurs exotiques, d'un cocktail et d'une embrassade dès la descente de l'avion. Point de Tahiti ou de Maldives donc, ici on joue à Robinson. Et encore ! Lui sur son îlot, il avait au moins de quoi se nourrir. Avez-vous vu des cocotiers ou des bananiers, vous ?

En vrac : mots-clés, synonymes, significations

Stérilité ➔ sécheresse, période de vaches maigres, amaigrissement, impuissance, impasse, efforts surhumains pour résultats lamentables, nécessité de revenir à l'essentiel, ce qui est vital, absolument indispensable, labeur absolu…

Dans un tirage en croix

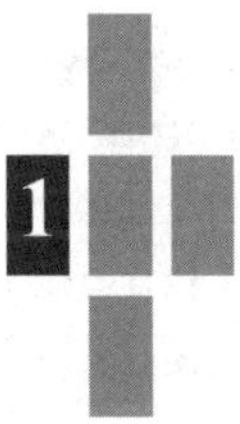

La Stérilité pour démarrer l'interprétation évoque, par rapport à votre question un sentiment austère de besogne et de difficultés ennuyeuses qui traînent depuis longtemps. On imagine que vous bataillez contre des petits ou des grands obstacles, jamais véritablement fatals, mais toujours usants et pénibles inspirant régulièrement des ras-le-bol que vous arrivez encore à contenir Dieu sait comment.

Cette première carte un peu déroutante peut aussi évoquer un état d'esprit dépouillé de tout sentiment, de toute émotion et de toute créativité ; un état d'esprit qui se limite au strict nécessaire et aux seuls potentiels qui seront véritablement utiles. En d'autres termes, sous son aspect optimiste, cette carte révèle un consultant déterminé, persévérant et courageux, qui n'a pas peur du labeur, sachant utiliser les ressources primordiales qui sont en lui.

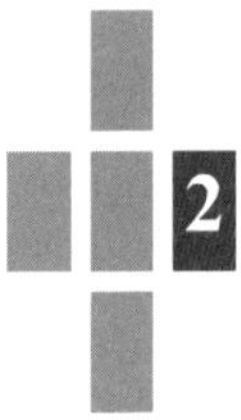

Cette carte dans la position des difficultés montre une situation pénible à gérer. Elle évoque de nombreux efforts de votre part qui n'amènent que de modestes résultats, de faibles réussites, voire aucune. Avec la Stérilité contre vous, il convient de faire un bilan et de trouver dans votre projet ou dans votre problématique ce qui est véritablement essentiel, ce qui est indispensable et vital. On vous indique que vous ne pourrez jamais tout gérer de front, que la plupart de vos efforts sont inutiles et voués à échouer. Dans ces conditions, il vaut mieux procéder par ordre et aller directement à l'essentiel sans se disperser, sans idéalisme bébête ni sensiblerie pleurnicharde. Il faut prendre ses responsabilités, cesser d'ergoter, de fuir ou de brasser de l'air : place aux choses sérieuses !

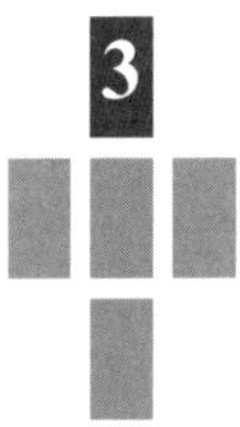

Avec la Stérilité comme conseil, on vous demande de rassembler vos énergies de base pour affronter les difficultés. Car des difficultés, cette carte vous en promet quelques-unes. Rassurez-vous : rien de vraiment grave, mais plutôt des sentiments de ne pas avancer comme vous voulez, des impressions de faire des efforts importants pour des résultats maigrichons... Sur un plan financier, ce peut être clairement la nécessité de faire attention, de ne rien dépenser au-delà du strict minimum. Dans le registre sentimental, cette carte et son infâme île déserte évoquent bien sûr la solitude et l'isolement, qu'il faut mettre à profit pour faire le point. Dans le travail, cette carte prend également une valeur restrictive : on vous demande beaucoup et vous devez mettre votre orgueil de côté, car il ne faut compter sur aucune reconnaissance.

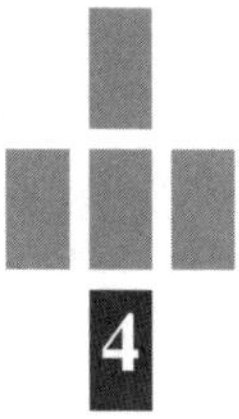

Ce n'est pas une réponse facile à entendre que vous adresse la Stérilité. Faut-il vraiment tout détailler ? D'après vous, que peut bien vous promettre une carte pareille si vous demandez quand aura lieu la prochaine rencontre amoureuse ? De même si votre question concerne l'issue financière d'une opération boursière... Rien de très transcendant n'attend le consultant à l'issue de ce tirage. Les problèmes se maintiennent, peu de changements sont à venir. Toutefois, relativisons et voyons tout de même que cette carte évoque aussi la patience, la persévérance, l'effort, le temps, une forme de solidité à l'image de ce rocher émergé, planté là au milieu de nulle part, défiant le temps et l'érosion des éléments marins. Rien n'est vraiment fatal à cet îlot, courage vous survivrez !

La Stérilité en guise de synthèse évoque une situation qui, malgré tout, restera probablement laborieuse et source de difficultés. Si vous avez obtenu une réponse franchement positive, cette dernière carte apporte une légère ombre au tableau en signalant que des efforts seront tout de même nécessaires, que tout cela ne sera pas toujours une partie de plaisir. Si la réponse était funeste, alors la Stérilité ne fait que confirmer que tout restera usant et ennuyeux : à terme, elle conseille peut-être d'envisager une autre solution...

* * *

N° 48 ▸ FATALITÉ

Description et sens général

Voici une carte qui n'a pas vraiment bonne réputation dans l'Oracle de Belline. Avec un tel nom, faut-il s'en étonner ? La fatalité étant ce qui désigne dans la vie humaine ce qui semble inéluctable et forcément inscrit dans la destinée, il résonne avec ce mot l'incontournable idée de mort, cela étant, dans la vie d'un être humain, dès les premiers instants de son existence, et quelle que soit son origine ou sa situation, le seul évènement qu'il est assuré de vivre un jour.

Le dessin d'Edmond exprime parfaitement cette notion d'achèvement avec la faux que détient l'homme représenté. Objet agricole par excellence, la faux est l'outil que l'on utilise encore dans certains pays pour moissonner les cultures. Le fauchage marque la fin de la saison, la période où les plantations sont à maturité et nécessitent d'être récoltées au risque, sinon, de les perdre. La moisson est donc la marque d'une fin, mais également la promesse d'un renouveau puisque chaque saison se répète sur un cycle symbolique de mort et de renaissance. L'homme tient également, de sa main gauche, un fouet qui représente l'instrument d'un châtiment corporel encore en cours dans certains pays aujourd'hui.

Cette carte peut rappeler la lame XIII du Tarot de Marseille, la lame *sans nom* représentant un squelette, qui muni d'une faux, semble faire table rase du passé. La mort représentée dans cette lame, comme dans cette carte, est à saisir sur un plan symbolique. La mort représente la fin irrémédiable de quelque chose, d'une situation, d'une relation, d'une activité. Mais la mort n'est jamais véritablement une fin en soi puisque, à l'image des blés moissonnés, qui repousseront à la saison suivante ou à l'image bien connue du terreau noir composé de végétaux morts qui permettront à d'autres de croître, dans la mort est toujours contenue la vie. Une vie qui peut être sous une autre forme, différente, difficile à imaginer de notre point de vue, tant elle est considérée, dans notre culture occidentale, comme l'épreuve la plus redoutable et la plus malheureuse qui soit…

En vrac : mots-clés, synonymes, significations

Fatalité ➔ fin, épreuve du temps, limite, échéance, transformation inéluctable, poids du destin, sensation que l'on ne peut pas lutter contre les événements, sensation de labeur et de difficultés…

Dans un tirage en croix

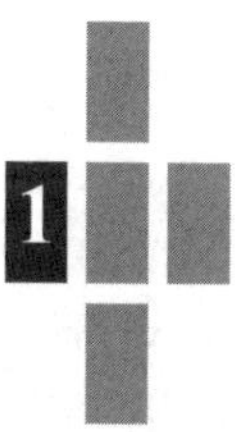

Fatalité en première position vous représente par rapport à la question que vous posez. Cette carte saturnienne, à la réputation difficile, suggère que vous êtes motivé face à votre problématique par un climat de difficultés majeures que vous avez traversées jusqu'à présent. De nombreux changements et revirements de situation, aussi inattendus qu'éprouvants, semblent vous avoir marqué et forgé le caractère. Dans votre situation actuelle, on en déduit que vous avez des ressources d'endurance et de persévérance pour en être encore là aujourd'hui, malgré tout. On imagine que vous avez gagné en ouverture d'esprit, tant ce que vous avez vécu a été difficile. C'est donc avec un esprit philosophe et empli de lâcher-prise que vous devriez atteindre vos objectifs ou résoudre vos problèmes.

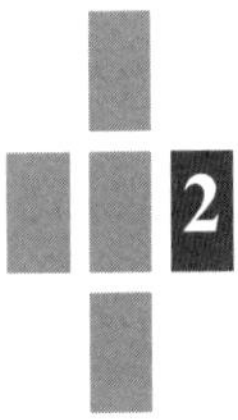

La carte Fatalité dans la position de ce qui vous pose problème représente des difficultés avec le changement et la transformation. De prime abord, on peut penser que vous avez peur de subir les revers inéluctables du destin et que, pour cette raison, vous demeurez crispé, ce qui entraîne un blocage par rapport à la question que vous posez. Vous devez sans doute encourager votre esprit à lâcher prise et ne pas craindre l'inattendu et les bouleversements. C'est évidemment plus facile à dire qu'à faire puisque, concrètement, cette carte pourrait marquer un changement professionnel attendu et bloqué, une fin de relation amoureuse qui menace et qui, pourtant, soulagerait tout le monde, une remise en cause professionnelle ennuyeuse mais qui, néanmoins, apporterait une reconversion intéressante. Quelle que soit votre question, on voit dans cette carte des possibilités de changements majeurs qui sont comme remis à plus tard. Il faut d'ores et déjà vous interroger pour voir dans quelle mesure vous êtes responsable de ce blocage. Vos peurs du changement y sont sans doute pour quelque chose !

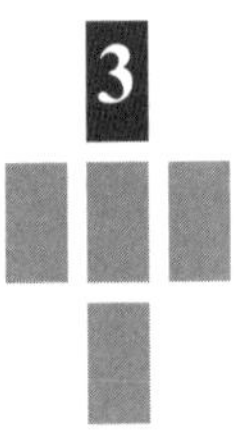

La carte Fatalité, en position de conseil, peut être assez déroutante puisqu'il s'agit d'une carte généralement considérée défavorable. Mais ne la voir qu'ainsi revient à demeurer dans une conception dualiste de bien et de mal alors que toute chose contient les deux éléments. À cette place, cette carte saturnienne austère peut donc vous préconiser de bons conseils. S'agissant de la thématique du changement et de la fin des situations, Fatalité vous invite à remettre en cause le sujet de votre question. C'est bien sûr, en cela que tout peut vous paraître difficile avec cette carte. Remettre en cause ce que l'on espère, ce que l'on souhaite réaliser n'est jamais une étape facile. Pourtant, on vous montre qu'il faut voir autrement, changer vos points de vue, votre manière de penser, évaluer différemment vos difficultés. En évoluant de la sorte, vous pourriez, au fond, renverser les blocages apparus avec la carte de la position deux et permettre, ainsi, une réalisation de vos objectifs sur un mode nouveau et inattendu. C'est, toutefois, la quatrième carte du tirage qui révélera si vous parviendrez, finalement, à vos objectifs mais, pour l'heure, il faut effectuer un travail de lâcher-prise tel qu'il pourrait ressembler à un travail de deuil…

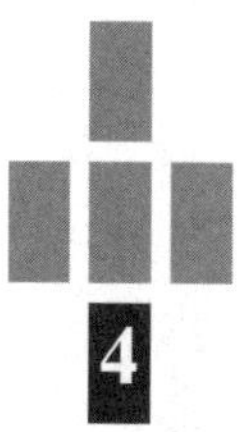

La carte Fatalité, en réponse, vous prédit un résultat en forme de remise en question. Par rapport à celle que vous posez, il faut vous attendre à un déroulement différent de celui que vous espérez. Changement, remise en cause, transformation sont les maîtres-mots de cette carte qui indique que des situations, des projets ou des relations peuvent s'arrêter, alors que vous ne vous y attendez pas. Un gros travail de lâcher-prise sera probablement nécessaire pour vous adapter et espérer rebondir différemment, plus tard. Concrètement, dans la vie professionnelle, il peut s'agir d'un changement très important tel que la modification ou l'annulation d'un contrat, d'un partenariat arrivé à son terme. Dans une relation sentimentale, cette carte évoque l'échéance, la fin, la rupture ; on arrive au bout d'une relation que plus rien ne peut « sauver ». Sur un plan matériel, cette carte indiquera la révocation de certains avantages tandis que, sur le registre de la santé, cette carte, avant tout saturnienne, augure bien sûr une diminution de la vitalité.

En position de synthèse, Fatalité promet des remises en question dans l'avenir plus lointain. Cette carte saturnienne, souvent pénible à vivre en raison du grand lâcher-prise qu'elle demande d'avoir, évoque que, par rapport à ce que vous attendez de l'avenir, des changements d'objectifs ou d'état d'esprit seront à prévoir. Ils pourront aussi bien venir de vous comme de l'évolution extérieure des évènements qui doivent se dérouler pour vous. C'est une carte qui ternit un peu l'ensemble du tirage, surtout si vous aviez obtenu une réponse très favorable, mais qui aura le mérite, dans l'épreuve, de vous forger un style de caractère plus ouvert ou plus tolérant…

* * *

N° 49 ▸ LA GRÂCE

Description et sens général

Dans la famille des cartes saturniennes réputées difficiles, nous trouvons la quarante-neuvième, la Grâce, une carte forte et mystique qui apporte une dose de lumière et de spiritualité dans cette succession de labeur et de lenteur.

Dans un triangle de lumière, une colombe, les ailes largement déployées, descend du ciel en direction de la terre. Cette variété de pigeon blanc, depuis bien longtemps associée aux valeurs pacifiques (en dépit de son comportement réel), est un symbole de douceur et d'amour. Pour les chrétiens, elle représente l'oiseau de l'âme, l'Esprit Saint, l'esprit de Dieu qui, du ciel, s'incarne sur Terre à la rencontre des hommes. D'où le nom la Grâce, qui signifie littéralement une faveur octroyée gratuitement. Ici il s'agit de Dieu lui-même qui accorde une mesure particulière, une clémence, un droit à quelque chose, un don... Il y a donc dans cette carte une inspiration divine très élevée qui ne sera pour le profane qu'une grande joie, une source d'inspiration profonde et d'intelligence lumineuse là où l'initié se sentira véritablement porté par des élans d'amour, de joie sage et mystique et une vraie profondeur spirituelle.

En vrac : mots-clés, synonymes, significations

La Grâce ➔ faveur, don, générosité, sagesse, obtention inespérée de quelque chose, spiritualité, méditation, reliance au Divin, exhaussement des prières, guérison, protection spirituelle...

Dans un tirage en croix

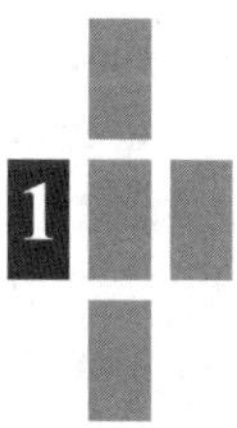

La Grâce comme première carte vous révèle sous un jour très inspiré, sage et intelligent. Vous avez sans doute beaucoup du recul sur les situations que vous vivez et, par rapport à votre question, vous semblez en mesure de prendre les bonnes décisions grâce à votre esprit clairvoyant et détaché de toute passion. Vu de l'extérieur, vous apparaissez comme une personne sérieuse qui inspire confiance et sachant être de bon conseil. Jouez donc cette carte totalement dans la mesure où, jusque-là, vous pourriez avoir été assez chanceux.

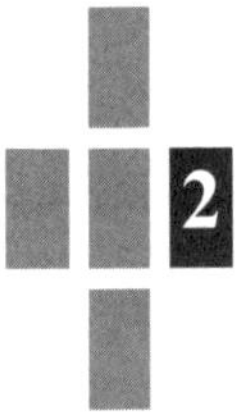

Dans la position des difficultés ou obstacles, la carte la Grâce montre un vrai problème pour obtenir les faveurs ou les améliorations que vous espérez. Si votre question concerne un soutien que vous attendez, vous pourriez le voir tarder à arriver, ou ne pas arriver du tout. Cette carte en position 2 est un véritable obstacle à la progression de vos projets. Sans les remettre en cause totalement, il faut imaginer que vous ne serez pas vraiment aidé par qui que ce soit et qu'au contraire le destin ou les situations extérieures à votre question seront plutôt contre vous. Dans ces conditions, vous mettrez beaucoup de temps à réussir vos entreprises, mais encore faut-il pour cela que le reste du jeu vous soit favorable…

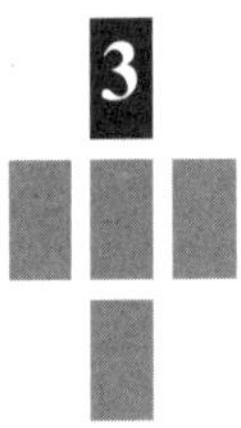

C'est une très bonne carte qui se révèle à vous dans la position du conseil. Concrètement, elle vous annonce la venue d'une aide extérieure susceptible d'améliorer grandement votre situation et de vous aider dans vos projets. Une personne peut vous donner un coup de pouce inespéré dans votre carrière professionnelle par exemple, vous faisant grandir et avancer dans les responsabilités que vous avez… Une rencontre sentimentale belle et spirituelle peut survenir et transcender votre quotidien si vous êtes célibataire. Quant au plan santé, il peut être question d'une amélioration heureuse et durable. Néanmoins, pour aller plus vite et aller plus loin, ne vous contentez pas d'attendre béatement que l'aide tombe du ciel comme le suggère le dessin ; aide-toi et le ciel t'aidera dit l'adage, c'est, pour vous aussi, le moment de foncer, de provoquer votre destin qui semble placé sous de très bons auspices…

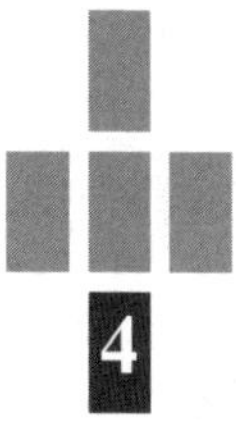

La Grâce dans la position de la réponse évoque évidemment un heureux dénouement par rapport à votre question. La Grâce qui représente l'aide extérieure, l'aide providentielle, l'aide inattendue et soulageante est excellente si votre question concerne précisément la résolution d'un problème important, l'évolution d'un grave problème de santé qui, dans ce cas, semble pouvoir s'améliorer. La Grâce figure une amélioration conséquente de la situation que vous connaissez. Dans le monde professionnel, ce pourrait être une toute nouvelle opportunité très intéressante balayant d'un coup les différents projets ou problèmes en cours. Dans le registre amoureux, cette carte peut figurer une réconciliation, ou une nouvelle rencontre… Un événement que vous n'attendez guère et qui va apporter un lot de nouveautés heureuses…

En position de synthèse, cette carte figure un avenir lointain tout à fait favorable. Si la réponse que vous avez obtenue n'est pas très affirmative ou pas dans le sens que vous espériez, la carte la Grâce vous promet un avenir dont la tournure vous sera plus faste. Des événements ou des situations que vous ne pouvez envisager aujourd'hui se dérouleront d'une façon inattendue, apportant un sentiment réjouissant de bonne surprise à même de vous faire oublier la mauvaise réponse que vous venez d'obtenir. Si, au contraire, celle-ci allait dans votre sens, considérez que cette bonne carte amène un climat de protection et de sécurité sur l'avenir plus lointain.

* * *

N° 50 ▸ RUINE

Description et sens général

Cette cinquantième carte fait partie de celles que l'on n'aime pas voir surgir dans un tirage lorsque nous avons des projets pleins la tête. Car, avec un nom pareil, raisonnent évidemment les notions d'échec et de déconvenue. Sur le plan littéral, la ruine est une construction qui s'est écroulée, partiellement détruite ; on nomme souvent ainsi les vieux bâtiments délabrés, souvent insalubres et nécessitant d'importants travaux de réhabilitation. Mais les ruines sont aussi ces lieux chargés des temps anciens, ces châteaux ou ces grandes demeures fortifiées du Moyen-âge ou de l'Antiquité qui ont vu passer des siècles de grandes et de petites histoires et dont il ne reste que les fondations et quelques pans de mur. Sur le plan de l'interprétation divinatoire, Ruine évoque donc l'aspect ancien et obsolète de quelque chose ou d'une situation pas du tout tournée vers l'avenir. C'est, bien sûr, aussi l'aspect d'une richesse ancienne révolue aujourd'hui comme le montre le dessin d'Edmond. Celui-ci a représenté la même tour que celle des Pénates n° 16 qui se retrouve plus loin dans la carte Accident n° 38. Nous avons, avec ces trois cartes, la succession de trois étapes symboliques dans la vie d'une personne : un temps d'opulence suivie d'une rupture brutale inattendue qui entraîne la « ruine ».

En vrac : mots-clés, synonymes, significations

Ruine ➔ les temps anciens et révolus, le passé, ce qui est obsolète, vieux, démodé, dépassé, sans valeur et devenu inutile pour l'avenir. Risque financier, danger, fondations instables et dangereuses.

Dans un tirage en croix

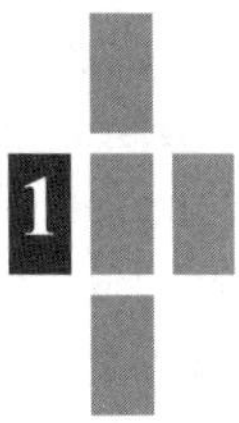

La Ruine comme carte qui vous représente face à votre question suggère que vous êtes actuellement très peu aidé par la situation dans laquelle vous vous trouvez. Fragilisé par un passé difficile, plein de remise en cause, on peut penser que rien ni personne autour de vous ne peut vous faciliter la tâche. Vous êtes probablement très seul avec vos problèmes ou vos projets. Quelle que soit votre question, il faut d'ores et déjà ne compter que sur vous-même, sur votre expérience et vos acquis, même si cela, par le passé, s'est beaucoup plus traduit par l'échec que par le succès.

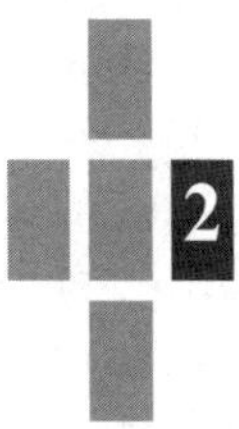

Dans cette position difficile, la carte Ruine peut s'interpréter comme des reliquats du passé qui peuvent vous empêcher d'avancer. Ce peut-être des dettes, des problèmes précisément liés à l'argent, notamment si votre question concerne votre situation financière ou un projet professionnel qui la met en cause. S'il s'agit d'une question sentimentale, Ruine peut évoquer une rupture vécue dans le passé dont vous n'avez pas fait le deuil par exemple. Mais ce peut être également un schéma d'attitudes, de pensées, de situations dans lesquelles vous avez longuement évolué sans que cela ne se révèle très fécond et qui mériterait tout simplement d’être stoppé. Ruine met enfin le doigt sur ce qu’a été votre parcours jusqu’à présent et précisément sur les erreurs que vous avez commises. On vous demande d’en tirer une expérience claire et précise afin d’avancer sur de nouvelles bases propices à la reconstruction.

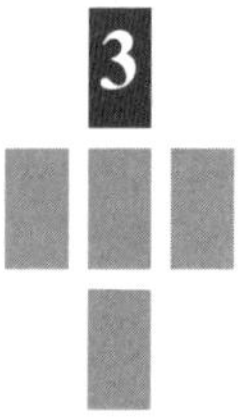

La carte Ruine qui intervient dans la position du conseil établit un rapport entre votre question et ce que vous avez fait ou vécu par le passé. Il semble que cela a son importance et, comme on le voit sur la carte, il semble opportun de ne pas poursuivre sur les mêmes traces. Vous devez remettre en question les attitudes anciennes, les schémas de vie dans lesquels vous vous trouvez et, par rapport à ce qui vous occupe, vous tourner davantage vers l’avenir. Cette carte vous demande aussi de rassembler vos talents de base et de ne compter que sur vous-même en vous remémorant les échecs et les épreuves du passé. Avec cette carte peu engageante, il faut enfin éviter toutes les prises de risques importants, avancer avec sagesse, prudence et expérience en allant directement à l’essentiel.

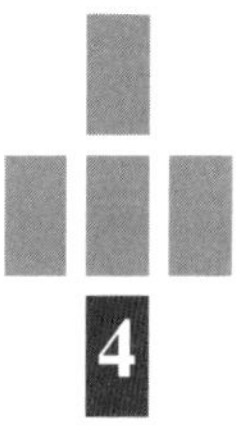

La carte Ruine qui intervient dans la position de la réponse n’est effectivement pas la plus réjouissante de toutes les cartes de l’Oracle de Belline. Elle évoque évidemment le manque de succès, le manque de réussite dans les démarches que vous entreprenez. Par rapport à votre question, si vous avez des projets financiers par exemple, cette carte n’annonce pas des retombées très intéressantes. Sur un plan professionnel, on peut voir dans cette carte un désaveu, une évolution qui ne va pas dans le sens souhaité. Dans le registre affectif, c’est la notion d’une relation qui se dégrade ou d’une très sérieuse difficulté à construire quoi que ce soit… D’une façon générale, cette carte ne promet rien de bien heureux. Quand on la voit sortie à cette place, il faut méditer sur tous les conseils qui sont donnés par les autres cartes et voir comment vous pouvez rebondir en vous appuyant notamment sur votre expérience et sur les potentiels qui sont en vous…

En position de synthèse, la carte Ruine évoque un avenir lointain marqué par une austérité et des remises en cause ; remises en question qui concerneront tout ce qui est en lien avec votre passé, toutes les attitudes et les gestes qui n'auront plus lieu d'être par la suite. C'est en quelque sorte le ménage que vous serez amené à faire dans toutes les situations et schémas que vous aurez vécus jusqu'alors…

* * *

N° 51 ▸ RETARD

Description et sens général

La carte Retard se comprend vite à la simple évocation de son nom. Carte Saturnienne par excellence, elle évoque le temps nécessaire à la réalisation de toute chose, le temps qui passe lentement, tellement lentement qu'on finit par être en retard sur les objectifs que l'on a. Mais il en est ainsi de la planète Saturne dont on a déjà évoqué l'aspect symbolique lié au labeur, à la lenteur… Dans la mythologie, Saturne est un vieillard souvent figuré avec une jambe de bois.

La représentation faite par Edmond reprend la roue que l’on avait dans la carte n° 44, le Hasard, et qui évoquait le mouvement et les changements dans la vie. Ici, la roue n’est plus couronnée ni embellie d’une paire d’ailes puisque nous la voyons littéralement encastrée dans une formation rocheuse escarpée se trouvant véritablement bloquée.

En vrac : mots-clés, synonymes, significations

Retard ➔ délais de réflexion, attente, lenteur, labeur, blocage, piétinement, tergiversations…

Dans un tirage en croix

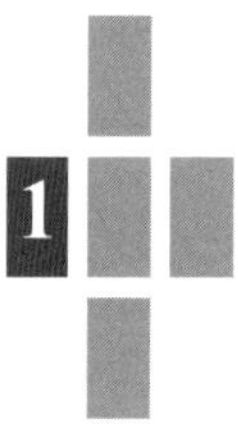

La carte Retard positionnée en première place vous représente face à votre question. Carte lente, modérée, évoquant le blocage et l’attente, il faut se demander si vous ne manquez pas d’ambition dans vos entreprises et vos projets. Rien ne semble prêt à bouger vraiment avec cette carte, vous n’apparaissez pas comme une personne motivée à avancer. Par rapport à la question que vous posez, si vous espérez conclure un contrat, une embauche ou emporter une somme d’argent, il conviendrait de changer d’attitude, de vous montrer plus vif, plus entreprenant. Dans le registre affectif, vous ressortez comme un personnage renfermé, austère et sans grands attraits… Vous devez faire un point sur ce que vous voulez obtenir ou développer et mettre votre attitude en rapport avec ces objectifs…

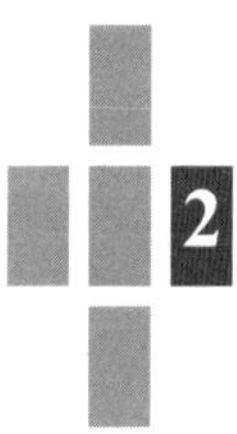

Dans la position des blocages et de ce qui joue contre le consultant, il est une carte qui y a bien sa place : celle-là même que vous avez tirée, Retard. Celle-ci évoque tout simplement la lenteur et le labeur qui entourent le sujet de votre question. Si vous avez des projets professionnels précis, il faudra compter plus de temps que prévu pour aboutir. C'est clair : cette carte est l'ennemie des impatients et des gens pressés. Il faut donc profiter de cette inertie pour approfondir davantage les solutions ou perspectives que vous envisagez et prendre le temps de voir si, au fond, ce que vous demandez ou espérez est vraiment nécessaire et indispensable.

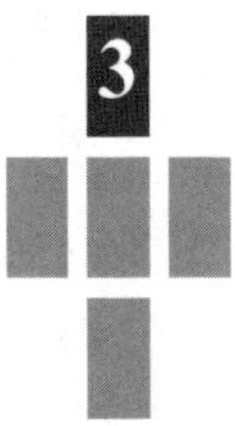

Cette carte Retard qui intervient dans la position du conseil ne fait que vous suggérer de prendre votre temps. Cessez d'avancer avec instinct et précipitation, il faut de toute urgence modérer votre allure et réfléchir un peu. Et tant pis si cela vous met en retard ! Prendre le temps est parfois nécessaire pour faire les bons choix, prendre du recul, trouver d'autres solutions que celles sur lesquelles on est parfois focalisé. Concrètement, si vous êtes un chef d'entreprise stressé, il convient de mettre un peu les choses en suspens, prendre plus de temps pour vous ou pour des aspects vraiment essentiels. Dans une vie de couple, Retard suggère de ralentir le rythme de vie, de prendre plus de temps à deux. Si vous êtes célibataire à la recherche de l'homme ou de la femme idéale, cette carte vous demande, là aussi, de prendre votre temps, de ne pas vous disperser inutilement, de réfléchir avant de vous engager…

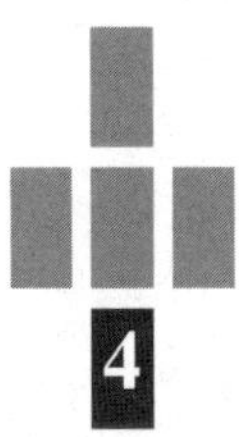

Cette carte qui sort en réponse laisse présager que ce que vous attendez sera non seulement laborieux à obtenir, mais surviendra avec un délai, un certain retard. Cette carte saturnienne n'est pas synonyme d'échec comme on le croit souvent. Les gens pressés et impatients craindront toutefois de la voir sortir en raison de ce qu'elle impose au niveau de ce lâcher-prise nécessaire pour avancer. Mais, d'une façon générale, Retard ne fait que freiner l'allure des projets en donnant le temps ; en contrepartie, de bien s'y préparer, de tout vérifier. Il est certain qu'avec cette carte, rien d'imprévu ni de fantaisiste ne saurait survenir de manière exceptionnelle. Retard évoque aussi la réflexion, la modération et, bien sûr, le labeur. Mais, si vous parvenez à surmonter cette épreuve du temps, les succès recherchés ne seront que plus durables ensuite ; si toutefois votre impatience ne vous amène pas à changer votre fusil d'épaule entre-temps.

La carte Retard en synthèse semble indiquer que le temps aura son importance par rapport à la question qui vous occupe. Elle indique dans l'avenir plus lointain un sentiment de labeur et la sensation qu'il y aura beaucoup d'efforts à fournir. Sauf si la carte réponse est une carte très dynamique et très forte, cette carte Retard atténue un peu toutes les réponses dites positives. Si, en revanche, vous n'avez pas du tout obtenu de réponse favorable, cette carte vous révèle que le temps vous fera mûrir et envisager de nouvelles perspectives…

* * *

N° 52 ▸ CLOÎTRE

Description et sens général

Pour conclure la série des cartes saturniennes et même l'ensemble des cartes de l'Oracle de Belline si on omet de compter la carte bleue, voici le Cloître dont la portée et la résonance symbolique sont assez parlantes. Nous avons bien là l'ambiance saturnienne sérieuse et austère avec cette carte dont l'image figure l'étroite entrée d'une enceinte – un cloître – barrée par une herse. Faut-il rappeler ce qu'est un cloître ? Du latin claustrum qui signifie clôture, il s'agit d'une partie d'abbaye ou, plus généralement, d'un édifice religieux composé de galeries ouvertes donnant sur un jardin ou sur une cour intérieure. Il y a donc deux idées principales qui se retiennent dans cette carte : l'enfermement, d'une part, le fait d'être retiré du monde, à l'instar des moines ou religieux qui vivaient dans les monastères, et la solitude d'autre part, conséquente à l'isolement d'une telle vie.

Ces aspects de la carte, évidemment peu enchanteurs, amènent souvent une interprétation négative ou tristounette car on est évidemment tenté de ne parler que de solitude, de silence et finalement d'ennui… Mais c'est oublier un peu vite la beauté que revêtent très souvent les cours abbatiales ou les jardins intérieurs des monastères. Pour qui aime les vieilles pierres, le Cloître est généralement une réussite architecturale inspirant la sérénité, la détente, la méditation… Ce genre de lieux, évidemment peu propices aux ripailles ou aux éclats de joie ostensibles, est néanmoins chargé d'une profondeur spirituelle sur laquelle il est parfois nécessaire de s'arrêter. Si faire une retraite a quelque chose qui relève de l'épreuve austère, cela n'en est pas moins très enrichissant intérieurement…

En vrac : mots-clés, synonymes, significations

Cloître ➔ Isolement, solitude, repli sur soi, désintérêt de l'extérieur, renoncement, profondeur spirituelle mais difficulté à se faire comprendre des autres. Mélancolie, sagesse, inertie, sensation du temps qui passe lentement, peu d'action…

Dans un tirage en croix

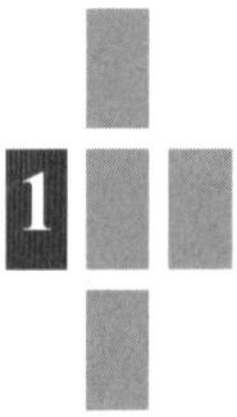

En première position de votre tirage, le Cloître indique une situation initiale qui n'est pas la plus épanouie du monde. Par rapport à votre question, on peut supposer que vous vous sentez dans un climat de solitude. Évoquant l'isolement, le fait d'être retiré du monde, le Cloître, carte saturnienne marquée par l'austérité, suggère que vous ne pouvez compter que sur vous-même. Peu de personnes sont en mesure de vous comprendre et de vous aider ; face à ce qui vous préoccupe, vous devrez penser et agir seul. Peut-être est-ce dû à l'aspect renfermé que vous dégagez sans le savoir, au côté intériorisé de votre personnalité, qui vous rend difficile d'accès ? Vous avez quoi qu'il en soit un potentiel profond et bien construit qui, si vous l'exploitez sans crainte et avec persévérance, pourra vous amener sur la voie de vos objectifs…

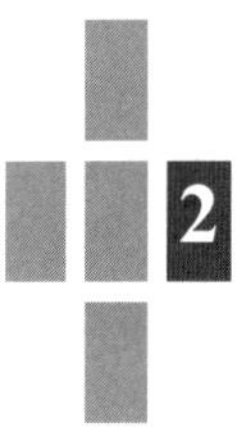

La carte Cloître positionnée ici montre clairement une notion de solitude et d'isolement qui va à l'encontre de vos projets et idées. Cette carte marquée par le sérieux et l'austérité indique que vous manquez de soutien, que vous ne communiquez pas assez, que vous avez tendance à vous replier sur vous-même. Il ne faut pas craindre le monde extérieur et vivre sans les autres ! Peut-être êtes-vous responsable de ce manque de contacts autour de vous ? Êtes-vous timide, bloqué, introverti au point de ne pas aller vers les autres ? Si vous êtes à la recherche de l'âme-sœur par exemple, cette carte illustre un important blocage car elle montre à quel point vous êtes replié sur vous. Si votre question concerne l'évolution professionnelle, on vous indique ici que peu de personnes peuvent vous aider à évoluer dans votre vie où tout semble plafonné.

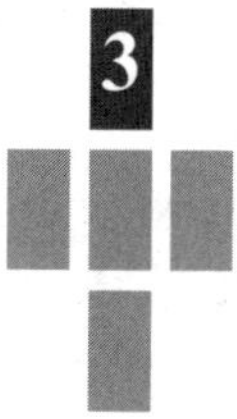

La carte Cloître qui apparaît dans la position du conseil vous demande de revenir aux valeurs essentielles de votre vie et, plus précisément, à ce qui touche les fondations de votre question. Le Cloître est le lieu des prières, de la spiritualité qui se développe, de la profondeur que l'on retrouve : cessez de vous disperser dans mille et un projets ou dans une diversité relationnelle qui ne vous apportent rien ! Vous devez faire preuve d'une grande maturité et, pour y parvenir, faire le tri dans vos amis, voir l'importance des choses essentielles en faisant, pourquoi pas, une retraite. Dans le registre sentimental, faire un break seul peut s'avérer nécessaire si vous connaissez des difficultés de couple. Si vous êtes célibataire, on vous demande de réfléchir sur vous et d'accepter cette solitude qui vous fait peur. Là est peut-être la clé d'une rencontre sérieuse qui interviendra une fois ce travail fait. Dans la vie professionnelle, on vous conseille de rester indépendant, de ne compter que sur vous-même, d'élaborer des projets cohérents sans dispersion. Ce sont les valeurs de la maturité, de la profondeur et du sérieux qui vont vous aider.

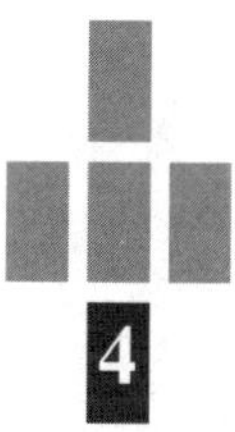

Le Cloître qui apparaît en réponse évoque d'emblée un sentiment d'austérité. C'est vrai que cette carte saturnienne qui évoque à la fois la solitude, l'isolement, la réflexion sur soi, le triomphe des valeurs essentielles, morales et spirituelles ne réjouira pas les consultants pressés d'en découdre rapidement, les impatients de la vie, les agités de l'amour ; tous ceux qui, passionnés, ne supportent pas d'attendre et de faire des efforts. Car cette carte impose un style de vie peu évident fait de maturation, de réflexions solitaires, de labeur… Rien d'étonnant et de fantaisiste ne s'impose avec cette carte qu'il faut voir comme une réponse positive si vous êtes en quête d'une sérénité et d'un bien-être intérieur avec pour compagnie principale : vous-même. Cette carte sérieuse vous invite au fond à mener une réflexion et à gagner en sagesse.

En position de synthèse, la carte Cloître suggère, de prime abord, une solitude et une austérité qui s'imposeront quelle que soit la réponse obtenue. Sur le plan affectif et social, il s'agira peut-être d'un sentiment d'isolement, du fait de ne pas pouvoir compter sur grand monde tandis que, dans la vie professionnelle, vous avancerez sans grandes fantaisies et avec labeur et austérité. Au final, tout cela vous rapprochera des valeurs essentielles, de ce qui est important pour vous, de votre vraie dimension spirituelle ; cette carte vous annonce une belle maturité en perspective.

LA CARTE BLEUE

Description et sens général

L'utilisation de cette carte bleu ciel est facultative. Selon Belline, vous pouvez ou non l'utiliser, mais il me semble important de se conformer à une règle bien définie et ne pas revenir dessus. Si vous choisissez de l'intégrer, faisant passer votre Oracle à 53 cartes, ne changez pas d'idée en la laissant de côté de temps en temps. De même si vous décidez de l'exclure, alors elle ne devra pas, au gré de votre humeur, réapparaître dans votre paquet de cartes.

Cette carte est traditionnellement très positive et modère considérablement les difficultés qui peuvent sortir dans un jeu. On dit même qu'elle annule les difficultés, en raison de la force qu'elle représente. Cette force est bien sûr de nature spirituelle. Cet aplat bleu ciel figure ce qui se déroule là-haut, au niveau de la divinité et des puissances célestes. L'apparition de cette carte dans un jeu est donc comme une manifestation divine apportant énormément de « positif ».

En vrac : mots-clés, synonymes, significations

La carte bleue ➔ manifestation spirituelle de grande importance, inspiration totale, lâcher-prise, mysticisme, bonté, générosité, toutes les meilleures qualités du monde…

Dans un tirage en croix

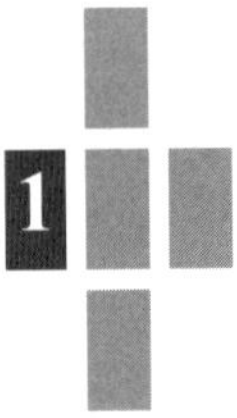

À cette place, la carte bleue vous représente et révèle de magnifiques dispositions pour aboutir dans votre problématique. Par rapport à la question que vous posez, vous semblez en phase avec tout ce qui vous entoure, le cosmos, l'univers, Dieu. Peu importe que vous soyez croyant ou non, spirituel ou pas, quoi qu'il en soit, vous ressortez comme une personne inspirée, qui sait prendre les bonnes décisions, sachant se faire aimer et ayant de bonnes idées. Rien ne semble pouvoir vous résister et il est vrai que cette carte très puissante met la barre de l'interprétation de votre tirage déjà très haut. Certains trouveront que vous êtes littéralement béni ou très chanceux, que rien ne peut vous ralentir ou même vous stopper. Profitez donc de cet incroyable élan qui se manifeste à vous pour aller de l'avant, prendre totalement confiance en vous, sans esprit prosélyte…

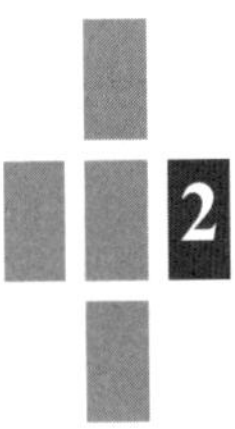

Cette très bonne carte bleue, présente dans les difficultés, doit tout de même être interprétée comme la révélation d'un problème, de quelque chose qui vous empêche d'avancer, par rapport à la question que vous avez posée. Et cette carte, traditionnellement très positive, va donc naturellement se connoter plus « négativement ». L'aplat bleu ciel qui évoque la spiritualité, le mysticisme, l'inspiration peut montrer que vous nagez en pleine illusion. Votre confiance, vos espoirs et vos aspirations sont irréalistes ou, peut-être, simplement mal enracinés. Cette carte, à cette place, vous demande de rester très rationnel, de croire ce que vous voyez et de sortir de votre bulle. Sur le plan amoureux, vous voyez peut-être des sentiments là où il n'y en a pas. Dans le registre du travail, il s'agit bien de ne pas croire au Père Noël et d'être totalement lucide.

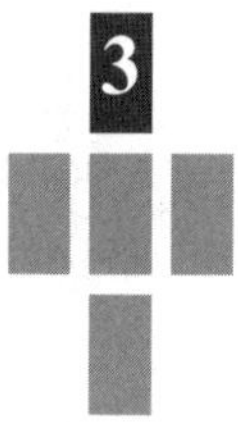

Cette très belle carte qui survient en position de conseil amène une énergie très positive dans la problématique qui se pose à vous. Carte de spiritualité, de mysticisme et d'inspiration, la carte bleue vous suggère de développer les meilleures qualités qui sommeillent dans votre esprit. Selon votre question, on verra de l'amour entier et désintéressé, des relations harmonieuses entre les gens, des problèmes financiers qui commencent à se résorber. Cette carte vous propose d'avoir confiance en vous et aux valeurs spirituelles que vous pourriez développer davantage : plus de tolérance, plus d'ouverture d'esprit, plus de créativité, plus d'amour des autres, plus de disponibilité, de générosité, etc. Montrez-vous sous l'angle merveilleux des gens qui acquièrent de la sagesse, de l'expérience, de la maturité. C'est ainsi que vous avancerez le mieux quelle que soit votre question.

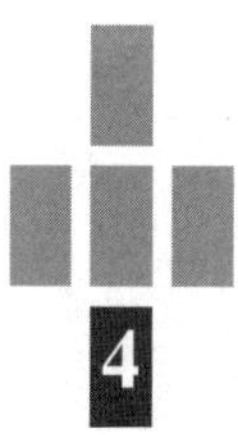

On ne peut pas rêver plus belle carte à cette place. La carte bleue amène, en effet, dans la position de la réponse, une fabuleuse énergie positive qui semble promettre beaucoup de bonheur et d'épanouissement. Quelle que soit la question vraiment posée, il semble que vous obtiendrez la réponse que vous attendez, quelque chose qui vous fera plaisir, sinon grandir et évoluer vers plus de maturité. D'une façon générale, on voit avec cette carte que le consultant va acquérir un très grand bien-être, une sensation de se réaliser et, bien sûr, plus de sagesse. Néanmoins, cette carte n'est pas la plus dynamique, elle ne prédit pas de grands changements strictement matériels ; juste des événements libérateurs et des sentiments épanouissants vous permettant, pour la suite, d'aller plus loin encore dans votre existence.

En position de synthèse, cette toute dernière carte de l'Oracle de Belline vous révèle que l'avenir plus lointain sera marqué par des questions et des problématiques plus spirituelles, des enjeux moins matériels. Vous développerez de la maturité et de la sagesse. Quelle que soit la réponse obtenue, la carte bleue semble promettre un avenir lointain plus serein, détaché des problèmes que vous connaissez aujourd'hui.

TROIS CONSULTATIONS
TROIS EXEMPLES

1

PREMIERE CONSULTATION

Maud, 33 ans, secrétaire médicale: *« Je vis depuis trois avec Jean-Michel, en union libre, et j'aimerais savoir si nous allons poursuivre notre relation, si nous nous marierons, si nous aurons des enfants ? »*

Pour Maud, la problématique est assez simple et se résume à ce qu'elle exprime: Maud aura-t-elle le plaisir et la joie de poursuivre sa vie avec Jean-Michel ?

Si nous commençons par regarder l'ensemble du jeu, nous constaterons un bon équilibre général des planètes astrologiques représentées: Jupiter, la Lune, Mercure, le Soleil et Vénus donnent, d'emblée, l'impression qu'il n'y a pas une force qui l'emporte sur l'autre dans le jeu. En outre, pas une carte difficile de la famille de Mars ou de Saturne ne sont sorties, ce qui montre un tirage qui ne devrait pas être dur pour le consultant.

À présent détaillons un peu plus les cartes une à une.

La carte Beauté, en première position, montre une situation sentimentale entre Jean-Michel et notre consultante, probablement très agréable et satisfaisante. La Beauté révèle une situation d'équilibre: ils sont bien ensemble et vont bien ensemble.

La carte Inconstance peut toutefois montrer, dans cette position 2, des avis, des projets, des idées quelque peu changeants. Peut-être que Jean-Michel et Maud ont plein d'idées sur leur avenir personnel, difficiles à concilier avec un projet commun qui apporterait plus de solidité encore. Cette carte révèle un petit coté dispersé et versatile que le temps, la discussion et la maturité devraient atténuer.

La carte Entreprise, en position de conseil, suggère d'aller de l'avant. Par rapport à la question de Maud, qui veut précisément savoir si des projets sont possibles, cette carte montre que, bien des choses sont envisageables, à condition qu'on les organise et qu'elles soient plus équilibrées, ce qui permettra de supprimer l'Inconstance.

Position **3**
22 entreprise

Position **1**
40 Beauté

Position **5**
28 Famille

Position **2**
13 Inconstance

Position **4**
4 Nativité

En réponse, la carte Nativité est un excellent augure pour cette relation. Cette carte solaire, pleine de créativité, évoque le renouveau, le démarrage, la naissance. Quoi de mieux pour l'évolution d'un couple dont la question est précisément de savoir s'il y a un avenir commun constructif? La réponse est assurément affirmative et suggère toutes sortes de réjouissances à venir: naissance concrète d'un enfant, mariage; en somme, tout ce qui contribue à figurer un nouveau départ dans une vie de couple.

Enfin, la carte Famille, en synthèse, vient confirmer l'ensemble du jeu sorti, établissant, pour le plus long terme, un équilibre serein, tranquille et promettant tout simplement une vraie vie de famille…

2

DEUXIÈME CONSULTATION

Pierre-Jean, 45 ans, cadre commercial: *« Je viens de me faire embaucher dans une nouvelle entreprise dans laquelle je serai le nouveau directeur commercial. C'est une société qui redémarre après une mauvaise passe de plusieurs années et plusieurs licenciements, pensez-vous que tout ira bien pour moi? »*

Pour cette question assez large, nous pouvons envisager de traiter la demande en étudiant deux aspects distincts. En premier lieu, voyons comment va évoluer Pierre-Jean à l'intérieur de ce nouveau poste; nous verrons, ainsi, comment il s'appropriera ses nouvelles responsabilités, s'il sera apprécié, etc. Dans un deuxième temps, nous demanderons plus précisément quel sera l'avenir économique de cette entreprise qui a connu, selon notre consultant, quelques déboires.

- *Comment va évoluer Pierre-Jean à ce poste de directeur commercial?*

Ce premier tirage, vu sans son ensemble, présente deux cartes lunaires, une carte saturnienne, une seule carte jupitérienne et une carte mercurienne. Pour ce qui concerne la vie professionnelle, on attendrait plutôt une majorité de cartes jupitériennes, mercuriennes ou solaires qui, en général « collent » bien à l'esprit de la carrière professionnelle. Dans ce tirage, ce n'est pas le cas, puisque nous décelons un axe Lune-Saturne dans les trois cartes du milieu, qui inspire un climat de nébulosité ou de doute.

Pourtant, notre tirage démarre favorablement avec la carte Appui qui montre que, Pierre-Jean est, d'une certaine façon, bien appuyé par les personnes qui viennent de le choisir. On peut le percevoir motivé, et probablement compétent pour ce poste.

La carte L'Eau qui suit amène un vrai climat de doute. Flottements, incertitudes, risquent de survenir assez vite et de

POSITION **3**
11 Trahison

POSITION **1**
39 Appui

POSITION **5**
24 Nouvelle

POSITION **2**
15 L'Eau

POSITION **4**
47 Stérilité

poser problème à Pierre-Jean. Peut-être y aurait-il des déplacements inattendus que Pierre-Jean n'aurait pas spécialement envie de faire ?

La carte Trahison en position 3 révèle un climat professionnel qui surprendra Pierre-Jean dans le mauvais sens. Sera-t-il obligé de s'imposer face à des personnes qui ne le soutiendront pas ? Manquera-t-il finalement d'appui de la part de sa hiérarchie ? Ce sont toutes les questions qu'il semble bon de suggérer à Pierre-Jean.

Enfin, la Stérilité survenant en position de réponse, achève de nous convaincre que l'évolution de Pierre-Jean dans cette entreprise et à ce poste, sera compliquée. Cette stérilité suggère qu'il s'investira beaucoup pour des résultats très maigres, peu rémunérateurs, et finalement non satisfaisants.

Heureusement, la carte Nouvelle qui apparaît en synthèse, suggère qu'un revirement de situation aura lieu à plus long terme. On peut supposer que Pierre-Jean s'orientera différemment, soit de son propre chef suite à une désillusion personnelle, soit par la force des choses si cette entreprise décide finalement de le licencier par exemple.

▸ *Suite à ce premier tirage et pour avoir quelques informations complémentaires, demandons donc, si cette entreprise atteindra ses objectifs de renouveau.*

Pour une telle question, on espérerait trouver des cartes solaires, qui expriment la vitalité, ou jupitériennes, qui exprime l'expansion. Pour une entreprise qui n'allait pas très bien et qui attend une nouvelle donne, il est rageant de voir sortir deux cartes martiennes, une lunaire et une saturnienne pour une seule solaire, et en plus, mal placée. Instantanément, au regard des cartes sorties, on comprend que l'issue de cette question ne va pas être évidente.

En premier lieu, nous trouvons la carte Accident ce qui, en soit, n'est pas excessivement surprenant puisque nous savons que cette entreprise a connu, par le passé, d'importantes difficultés. Accident illustre les problèmes rencontrés ; on peut voir aussi que les bases de cette société sont encore fragilisées par cette période.

La Nativité est une carte qu'on aurait préféré voir dans une autre position que celle des difficultés car, à cette place, cette carte solaire montre la renaissance espérée, qui est précisément… bloquée ou tout au moins ralentie.

Le tirage se poursuit avec une carte martienne qui a, comme premier atout, d'amener de l'énergie mais, Procès montre surtout de nombreuses discussions, des décisions très importantes qui doivent se prendre, et qui ne se prendront que dans un climat tendu et difficile.

POSITION **3**
33 Procès

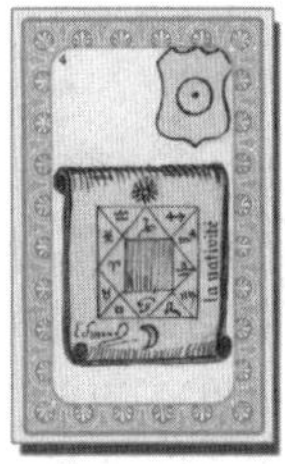

POSITION **1**
38 Accident

POSITION **5**
52 Cloître

POSITION **2**
4 Nativité

POSITION **4**
13 Inconstance

Enfin, la carte lunaire en position de réponse, ne prédit rien d'autre qu'une notion de flou. Il s'agit, en plus, d'Inconstance qui évoque de très nombreuses incertitudes sur l'avenir de cette entreprise.

Et comme si cela ne suffisait pas, la synthèse de la carte est effectuée par Cloître qui évoque l'enfermement, le repli sur soi : tout le contraire d'une entreprise rayonnante et en bonne santé financière.

On conclut donc, au regard de ce deuxième tirage, qu'indépendamment de Pierre-Jean, cette entreprise ne va pas vraiment se redresser. Visiblement, des inquiétudes sont encore à venir, ce qui explique pourquoi l'évolution de Pierre-Jean, dans cette entreprise, est plus qu'incertain et tourné, au final, vers une nouvelle perspective.

3

TROISIÈME CONSULTATION

Muriel, 45 ans, professeur des écoles: *« Je suis atteinte d'une sclérose en plaques qui a récemment évolué négativement. La sécurité sociale vient de me reconnaître dans l'incapacité de travailler. Que vais-je devenir ? »*

Voilà un problème très sérieux qui peut, là aussi, se décortiquer en plusieurs sous-questions. D'abord, établissons un tirage pour faire un état des lieux de la santé de Muriel et se faire une idée de comment va, dans les prochains mois, évoluer la maladie, sachant bien sûr, qu'il s'agit d'une maladie dégénérative qui n'a pas, aujourd'hui, de remède permettant une vraie guérison. Ensuite, nous poserons une question assez large, pour voir comment Muriel pourra désormais s'occuper.

- *Muriel aura-t-elle la chance de voir l'évolution de la maladie se ralentir et son état de santé s'améliorer ?*

L'examen préliminaire de ce tirage est facile et se trouve immédiatement capté par la présence de la carte Bleue en position 3. Selon la tradition d'interprétation de l'Oracle de Belline, la voir présente dans un tirage est toujours de bon augure, puisqu'elle diminue les difficultés qui pourraient apparaître. Nous voyons également deux cartes saturniennes, qui toutefois, ne se révéleront pas bloquantes, contrebalancées par une carte solaire et une jupitérienne.

En première position, il est presque normal de trouver cette fichue Infortune qui résume pourtant bien la situation de Muriel qui vit cette maladie depuis des années.

En deuxième position, la carte Campagne Santé évoque aussi les difficultés de santé rencontrées par Muriel, qui sont, malheureusement, bien présentes et sources de blocage. On peut aussi imaginer, avec cette carte, que Muriel ne prend pas

POSITION **3**
La carte Bleue

POSITION **1**
46 Infortune

POSITION **5**
49 La Grâce

POSITION **2**
9 Campagne Santé

POSITION **4**
39 Appui

assez de temps pour elle, pas assez de temps pour se reposer et voir autre chose que sa maladie, même si cela n'est pas facile.

La carte bleue qui survient dans la troisième position est excellente et amène un sentiment de protection spirituelle, d'inspiration positive qui va permettre à Muriel de mieux vivre sa maladie et peut-être même, moins en souffrir. Cette carte ne nous révèle pas une guérison, évidemment, mais indique que tes possibilités d'amélioration existent vraiment.

Enfin la carte Appui qui apparaît en réponse indique une solidité à venir, un équilibre qu'il sera difficile de rompre. Là non plus, il ne s'agit pas de prédire une guérison mais de révéler, tout de même, que Muriel peut connaître un sérieux répit, avoir l'impression que les choses évoluent favorablement.

Pour parachever ce bon tirage, la Grâce qui survient en synthèse suggère un avenir plus lointain très rassurant dans la continuité de la tendance sortie avec les quatre premières cartes.

▸ *Quel genre d'activités Muriel pourra-t-elle envisager malgré sa maladie ?*

Pour ce second tirage, nous constatons la présence de deux cartes mercuriennes, une carte jupitérienne, une lunaire et une vénusienne. Alors que notre question tourne autour d'un problème de santé, il est agréable de constater qu'aucune carte martienne ou saturnienne ne soit sortie.

En première position, nous trouvons même la carte Entreprises qui établit que Muriel est pleine de bonnes intentions, de désirs et d'esprit d'initiative. Malgré sa sclérose en plaques, elle parvient à garder un certain dynamisme et ne se laisse pas abattre.

Dans la position des difficultés, la carte Maladie illustre cet important problème de santé avec lequel Muriel doit vivre. Elle montre le malaise, le manque d'équilibre que cela doit évidemment lui procurer.

Mais dans la position 3, nous retrouvons une carte mercurienne qui amène du dynamisme ; il s'agit de Trafic qui conseille d'aller de l'avant, de mettre en place des idées, ce que, précisément, Muriel semble avoir envie de faire puisque, d'une part, c'est la question qu'elle pose et, d'autre part, ce qu'a déjà annoncé la carte Entreprises sortie en première position.

Enfin la carte Plaisirs apparaissant en position de réponse nous montre que Muriel saura trouver des activités lui amenant précisément du contentement, de la satisfaction, un vrai bien-être.

Tentons également de définir plus précisément la nature des activités que celle-ci pourrait avoir ; la carte Trafic, mercurienne, peut évoquer la communication, les relations sociales,

POSITION **3**
23 Trafic

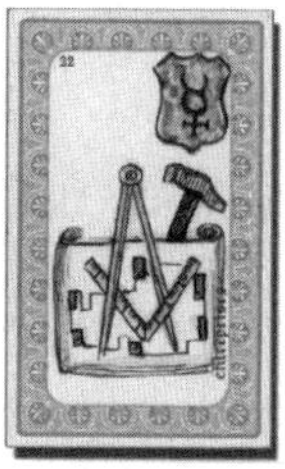

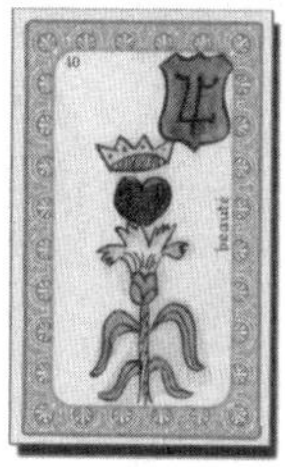

POSITION **1**
22 Entreprises

POSITION **5**
40 la Beauté

POSITION **2**
17 Maladie

POSITION **4**
25 Plaisirs

les rapports avec les autres, renforcée par la carte Plaisirs, vénusienne, qui évoque un aspect affectif, sentimental. Muriel doit donc envisager des activités très socialisantes : voir du monde, privilégier les amitiés. C'est une femme qui, probablement, aime les autres, échanger, bavarder, créer. Malgré cette maladie chronique, c'est une femme qui sait garder un bon moral, ne pas s'isoler du monde, ce qui finalement, peut même contribuer à améliorer sa situation…

Remerciements

Ce livre n'aurait jamais vu le jour si je n'avais pas été encouragé et motivé par les dizaines d'élèves qui, depuis sept ans, me font confiance et suivent les formations que j'anime sur les arts divinatoires. Dans les relations prof-élève, celui qui enseigne reçoit toujours autant que ses propres élèves ; je veux, ici, tous les remercier pour tout ce qu'ils m'ont apporté.

J'adresse également un remerciement à mon éditeur, François Sorlot, et à ses collaborateurs, pour leur entière confiance, leur aimable soutien et, tout simplement, leurs incitations à écrire ce second livre.

Enfin, je veux saluer le travail d'une fidèle consultante, Annie Buffière, ma première lectrice, pour ses conseils judicieux et ses corrections pointues qui ont rendu ce livre plus agréable à lire.

Mais le remerciement ultime, c'est évidemment à deux personnages importants que je voudrais l'adresser, en forme d'hommage ; l'oracle de Belline est d'une profonde richesse que j'espère avoir communiquée à travers cet ouvrage ; ce jeu est l'œuvre inspirée et remarquable d'un seul homme, Edmond Billaudot, popularisé et diffusé ensuite par Marcel Belline. De là où ils sont, je suis intimement convaincu qu'ils m'ont aidé dans mon travail de rédaction.

Merci à eux.

Table des matières

Nos dernières parutions

Docteur Christian Tal Schaller, ***Hygiène intestinale****, retrouvez la santé avec un colon dépollué.*
Sensation de bien-être, de légèreté, régulation du poids, amélioration des fonctions intellectuelles, rajeunissement par une élimination accrue des toxines… les résultats bénéfiques de l'hygiène intestinale sont multiples. La vie moderne ne favorise pas un bon fonctionnement intestinal et toutes les écoles de médecine naturelle affirment que la plupart des maladies commencent dans l'intestin.
Découvrez à quel point cette technique de santé simple et connue depuis des millénaires peut transformer votre vie !

Serge Fitz, ***L'énergétique alimentaire****, faire de notre alimentation une alliée de la santé.*
Ce livre offre aux radiesthésistes, soignants, médecins, diététiciens et public averti, un outil capable d'apporter par le biais de l'alimentation, les changements nécessaires pour rétablir les paramètres énergétiques et bio électroniques de la santé.
Une panoplie de leviers de correction alimentaires répond à de nombreux cas de figure pratiques : déperdition énergétique, stress, déséquilibres des axes etc.
L'ouvrage traite également de la « nourriture » des différents corps subtils et de la nécessité de s'harmoniser avec les énergies cosmo-telluriques ; il s'inscrit dans la droite lignée de la nouvelle médecine énergétique environnementale.

Docteur Christian Tal Schaller, **Kinou-le-clown, Pierre Pradervand**, ***Les bienfaits du jeu****, délivrez-vous du stress et des soucis en retrouvant votre joie d'enfant.*
Le monde occidental souffre d'une grave maladie : le sérieux ! Il engendre un stress continu qui fait le lit des maladies de civilisation. Celles-ci empoisonnent la vie quotidienne de millions de personnes. Apprendre à rire, à lâcher ses émotions sans vio-

lence et à jouer, seul ou avec nos proches, est essentiel pour nous délivrer du sérieux et du conformisme qui rigidifie et rend triste. Jouer est l'une des thérapies les plus efficaces qui soient contre toutes les maladies.

Yasmuheen, ***Vivre de lumière***, *cinq ans sans nourriture matérielle.*
Se nourrir de lumière comme solution de la faim dans le monde entraînerait des conséquences tout simplement énormes. Et cette façon d'être, autrefois habituellement réservée aux saints et aux sages est désormais une possibilité pour tout un chacun grâce aux informations contenues dans ce livre. Certaines prophéties annoncent que cette méthode pour vivre par la lumière se développe. Ce livre vous montre de quelle manière.

Aimé Prouzet, ***Rajeunissez par le Qi Gong***, *stimulez les fonctions de tous vos organes pour une amélioration corporelle et mentale.*
Inscrit depuis des millénaires dans la tradition médicale chinoise, le Qi Gong thérapeutique vise dans l'immédiat à guérir les maladies, mais sa véritable ambition est de sauvegarder à long terme la santé de l'homme, en instaurant une relation plus grande entre lui et l'Univers.
L'objectif de cet ouvrage est d'exposer les principes généraux du Qi Gong le plus authentique et de fournir un recueil pratique des exercices permettant de prolonger notre capital jeunesse.

Professeur Jess T. Y. Lim, ***Le Feng Shui et la santé***, *conseils pratiques.*
Dans ce livre, le docteur Jes Lim, maître de Feng Shui, explique de façon détaillée le rapport qui existe entre le Feng Shui et la santé. Il dénonce les conséquences d'un mauvais Feng Shui en s'appuyant sur plus de 300 exemples et illustrations.
Parallèlement à cela, l'auteur donne des conseils pratiques et

faciles à mettre en application pour enrayer les perturbations engendrées et il nous guide pas à pas dans la création de notre propre espace sain et vital.

Jean Spinetta, ***La pratique de l'illumination*** *et la science de l'immortalité par les méditations Merkaba, techniques égyptiennes, hindoues, esséniennes et modernes.*
Les Écoles des mystères de Shiva en Inde et celles de l'Égypte ancienne enseignaient à devenir des Soleils de Dieu, c'est-à-dire des Christs ou des Immortels. En Égypte ancienne, les méditations Merkaba sont les techniques destinées à communiquer à tous ceux qui ont le Cœur assez pur et plein d'amour, ce plus haut niveau de connaissance accessible à un être humain. Il devient Soleil de Dieu, ce qui signifie que sa conscience s'unit à celle du Grand Logos Solaire appelé Vishnou par les hindous et Christ par les chrétiens. Ce sont ces mêmes connaissances qu'utilisaient les Esséniens du temps de Jésus puis les Templiers.
Ce livre décrit les différents niveaux de conscience accessibles par les différentes techniques de méditation merkaba disponibles actuellement. Toutes ont pour but, la pratique de l'illumination.

Nos prochaines parutions

Docteur Raymond Abrezol, ***Vivre heureux ici et maintenant****, des clefs pour l'amour, le bonheur, la réussite...*
Les deux causes essentielles de la souffrance humaine sont l'ignorance et l'attachement. Pour vivre heureux, il est nécessaire de se libérer de ces deux entraves, de réajuster nos attitudes mentales aux priorités que nous nous fixons, de devenir responsable de notre vie. Le bonheur est possible, il est en nous !
L'auteur propose ici, en outre, une série d'exercices pour vivre pleinement « ici et maintenant ».

Docteur Christian Tal Schaller, avec la collaboration de Johanne Razanamahay, ***L'alimentation vivante pour votre santé****, recettes pratiques.*
Des recettes faciles à réaliser pour découvrir l'alimentation vivante, sans cuisson, qui préservent l'oxygène, les enzymes et les vitamines indispensables, afin de vivre en pleine santé.

Christian Hiéronimus, ***L'art du toucher****, un toucher conscient et créatif.*
Un toucher véritablement conscient sait prendre le temps d'écouter, d'entendre, de comprendre, d'observer les histoires qui se jouent dans les corps et les cœurs. Ce livre n'a pas pour vocation de faire le détail des nombreuses techniques de massage non médical. C'est un livre en amont des différentes écoles, un livre sur la relation au cœur du toucher. Christian Hiéronimus y propose des pistes de réflexions, des suggestions, sous forme de petits à propos, une sorte d'introduction à un toucher profondément humaniste pour nous encourager à passer du *faire* au *savoir faire* et du *savoir faire* au *savoir être.*

Annie Tricoire, ***Le bonheur aussi ça s'apprend***.
Le bonheur est un état d'être qui s'apprend. Voilà, la raison de ce livre. Le bonheur doit être, avant tout, un objectif et une habitude de vie.
Ce livre vous donne les outils nécessaires pour générer en vous une dynamique de changement, qui vous conduira sur le chemin du bonheur.

Dominique Jacquemay, ***Mincir par les thérapies douces***.
L'auteur est une spécialiste dans le domaine de l'amincissement. Elle a traité plus de mille cas avec succès. Fondatrice d'une méthode de drainage lymphatique anti-cellulite associé à l'acupressing appelée la Lympho-Energie, elle vous propose une voie qui appréhende l'amincissement dans sa globalité, par le biais des thérapies alternatives.

Pour connaître nos dernières parutions
et recevoir gratuitement nos catalogues,

écrivez aux Éditions Lanore,

6 rue de Vaugirard 75006 Paris

tél : 01 43 25 66 61 fax : 01 43 29 69 81

ou bien envoyez-nous un e-mail :

contact@editionslanore.com

Vous pouvez également consulter
notre site au :

www.editionslanore.com

Achevé d'imprimer par Présence Graphique
2 rue de la Pinsonnière - 37260 Monts
N° d'imprimeur : 010722734-1500